Touren

| Tour 1 | **An den Gestaden des Genfer Sees** | Seite 50 |

Mildes Klima, stimmungsvolle Fischer- und Winzerorte und ein einmaliger Blick auf die Savoyer Alpen erwarten den Besucher an der Schweizer Riviera.

| Tour 2 | **Vom Rhonedelta ans Rheinknie** | Seite 62 |

Im weiten Rhonetal beeindruckt die Auenlandschaft ebenso wie die Kunstschätze des Klosters St-Maurice, im Hintergrund kündigen sich die Walliser Alpen an.

| Tour 3 | **Tiefe Täler, hoch gelegene Seen** | Seite 66 |

Die Seitentäler von Martigny mit ihren wilden Schluchten und bizarren Gipfeln sind ein Eldorado für Bergwanderer und Wintersportler.

| Tour 4 | **Im Obst- und Gemüsegarten** | Seite 73 |

Die äußerst fruchtbare Rhoneebene zwischen Martigny und Sion wird überragt von mittelalterlichen Festungsanlagen und behäbigen Winzerdörfern.

Tour 5 — **Kuhkämpfe und Gletschergleißen** — **Seite 78**

Drei Täler, drei Gesichter: berühmt das Val de Nendaz, karg das Val d'Hérémence und ursprünglich das Val d'Hérens.

Tour 6 — **Alte Städtchen und stille Täler** — **Seite 81**

Zwischen Sierre und Visp bieten ursprüngliche Seitentäler, alte Städte und moderne Kurorte viel Abwechslung.

Tour 7 — **Alpine Berühmtheiten** — **Seite 90**

Bei Zermatt und Saas Fee schlagen die Herzen der Bergfreaks höher, wahrlich atemberaubend ist der Blick auf die mit ewigem Eis überzogenen Viertausender.

Tour 8 — **Im Tal der jungen Rhone** — **Seite 95**

Einladend präsentieren sich im Goms die schmucken Dörfer, weiter oben zieht der mächtige Aletschgletscher die Besucher in seinen Bann.

Bildnachweis

Alle Fotos Martin Kirchner außer Gunda Amberg: 68; Thomas Andenmatten: 2-1, 27-1, 27-2, 28, 30-1, 31, 34-1, 64, 78, 91, 94, Umschlagrückseite (unten); Bernhard Dubuis: 65, 80-2; Volkmar Janicke: 8/9 (Fond); Gerold Jung: 13, 20, 32, 48, 59, 67-2, Umschlagrückseite (oben); laif/ Martin Kirchner: 6/7 (Fond), 7, 8, 53-2, 75-1, 75-2, 79; laif/ Kruell: 6; Leukerbad Tourismus: 11; Musikdorf Ernen: 10, 10/11; Office du Tourisme Verbier: 72; Tourist Office Saas-Fee: 9; Valais Tourisme: 67-1. Titelbild: Bildagentur Huber/ Eigstler

Rechts: Das Lötschental

Vom Rap jump bis zum Yaktreck

Mit dem Maultier über Stock und Stein wandern, von einer Hängebrücke springen oder sich in einem Labyrinth zurechtfinden? Nervenkitzel oder Entspannung suchen und unvergessliche Erlebnisse mit nach Hause nehmen – im Westen der Schweiz ist alles geboten.

Trekking – exotisch und alpin

Ein Hauch von Himalaya bzw. der Anden umgibt einen bei einem Wochenendtreck mit gepäckbeladenem Yak oder Lama durch die Walliser Berge. Vom Maultier oder Esel über alte Säumerwege begleitet fühlt sich der Trekker um hundert Jahre zurückversetzt.

- **Yak-Trekking** ab Embd, Tel. 027/952 14 22, www.yaks.ch.
- **Lama-Trekking** ab Fiesch, Tel. 027/971 31 58 und St. Niklaus, Tel. 027/956 23 46, www.omni-adventure.ch.
- **Esel-Trekking** ab Praz-de-Fort, Tel. 027/783 17 32 und Veysonnaz, Tel. 079/ 417 20 86.
- **Maultier-Trekking** ab Ernen, Tel. 027/971 23 60, www.bergland.ch, Simplon, Tel. 027/979 12 63 oder Zermatt, Tel 079/285 66 38.

Völlig irr

18 000 Thujensträucher zählt das Labyrinth in Evionnaz; zur Halloween-Zeit (Oktober) wird der 3 km lange Irrgarten von Tausenden von Kürbissen beleuchtet. Wer sich nicht verirren will, wagt sich an die Kletterwand, auf's Trampolin oder das Katapult: Es schleudert einen mit 130 km/h in zwei Sekunden 50 m hoch (Mitte März – Ende Sept. 9.30–19Uhr, Oktober 9.30 bis Mitternacht).

- **Labyrinth Aventure,** Evionnaz, Tel. 027/767 14 14, www.labyrinthes.ch.

Special

Funsport

Auf Himmelsleitern unterwegs

Die Via Ferrata (eiserner Weg = Klettersteig) stammt ursprünglich aus den Dolomiten. Die Steige sind durchgehend mit Drahtseilen gesichert und wo nötig mit Leitern, Haken, Tritten und Griffen versehen – ideal für geübte, schwindelfreie Bergsteiger, die sich nicht ans richtige Klettern wagen. Klettersteige verschiedener Schwierigkeitsgrade gibt's im Wallis (Champéry, Leukerbad, Nax, Baltscheider und im Saastal) wie in der Westschweiz (Leysin, Les Diablerets), Infos erhält man bei den lokalen Tourismusbüros oder unter www.viaferrata.org.

Tipp Wer sich erst einmal an luftiges Bergsteigen gewöhnen möchte, kann in den Hochseilgärten **Point Sud** in Champoussin/Val d'Illiez, Tel. 024/477 33 30, www.pointsud.ch, oder im **Parc Adventure** in Aigle, Tel. 024/466 30 30, zwischen Baumwipfeln herumturnen – angeseilt, versteht sich.

Nervenkitzel in der Luft

Beim **Bungy jumping** ist der Adrenalinstoß garantiert. Von der Hängebrücke im Sports & Adventure Park in Niouc im Val d'Anniviers geht es 190 m hinunter, gleich 300 m tief von der Seilbahngondel zwischen Leukerbad und Gemmipass, auch aus der Kabine der Fiesch-Eggishorn-Bahn kann man sich hinunterstürzen, Infos bei **Garbely Adventure,** Ulrichen, Tel. 087/880 08 32, www.garbely-adventure.ch.
Schwindelfreiheit empfiehlt sich auch beim **Rap jump:** An der Mauerkrone gesichert, seilt sich der Jumper an einer Staumauer in die Tiefe ab.
Beim **Pendelsprung** geht's von einer Talseite zur andern, wieder zurück, hinüber ... Ausprobieren kann man dieses luftige Vergnügen an der Hängebrücke im Sports & Adventure Park in Niouc oder an der Brücke in Châtelard in der Trient-Schlucht. Spezialisiert auf die verschiedenen Angebote haben sich u.a.:
▎**No Limits Center,** Verbier, Tel. 027/771 72 50, www.outdoor-activity.ch;
▎**Maxi-Fun Sports & Nature,** Chippis, Tel. 079/447 28 00, www.maxi-fun.com.

Die neu gegründete Schweizer Stiftung **Safety in Adventure** vergibt ein Label für Anbieter von Funsportarten, die bestimmte Sicherheitskriterien erfüllen. Bislang konnten erst einige Firmen zertifiziert werden, doch die Liste der Anwärter ist noch lang.

Tunnel, Gletscher Alpengipfel

»Bahntastisch«? lautet der Werbeslogan der Schweizerischen Bahnen. In der Tat besitzt die Schweiz eines der dichtesten Bahnnetze der Welt. Neben den Schweizerischen Bundesbahnen (SBB) verkehren zahlreiche Privatbahnen, darunter spektakuläre Zahnradbahnen und Dampfzüge, selbst eine Straßenbahn unter dem Matterhorn und eine U-Bahn in 3500 m Höhe fehlen nicht.

Tipp Fahrpläne zum gesamten Bahnnetz, Infos über Sonderangebote und Abonnements erhält man beim Rail-Service (Tel. 0900/300 300) und unter www.sbb.ch. Infos zu den Schmalspurbahnen unter www.rail-info.ch.

Nostalgische Entdeckungsreisen

Die Museumsbahn Blonay-Chamby entstand aus der Idee, altes Eisenbahnmaterial zu retten. An den Wochenenden von Mai bis Oktober schnauft der Dampfzug mit historischen Wagen durch die Weinberge am Genfersee, am Ende der 3 km langen Strecke zeigt ein Museum ausgediente Dampf- und Elektrozüge.
▌**Chemin de Fer/Musée Blonay-Chamby,**
Tel. 021/943 21 21, www.blonay-chamby.ch.

Die höchstgelegene Straßenbahn Europas war vierzig Jahre stillgelegt, bis sie 2001 oberhalb von Zermatt ihren Betrieb wieder aufnahm. Wie anno dazumal mit einer Geschwindigkeit von gerade mal 10 km/Std. bringt Sie die legendäre Riffelalp-Sraßenbahn von der Station Riffelalp (2222 m) der Gornergratbahn zum Hotel Riffelalp. Die Strecke ist knapp 700 m lang, die nostalgischen Tramund Gepäckwagen sind originalgetreu restauriert, und im Restaurant des Hotel Riffelalp kann man die atemberaubende Bergkulisse bestens genießen.
▌**Riffelalp Resort,** Tel. 027/966 05 55, www.riffelalp.ch, ❍❍❍.

Bahnfahrten # Special

Süßer Ausflug

Der Schokoladenzug mit seinen noblen Belle Epoque-Wagen von 1915 startet in Montreux, erklimmt die Hügel des Greyerzerlandes mit einem Zwischenstopp im mittelalterlichen Städtchen Greyerz (Besuch einer Schaukäserei möglich) und endet in Broc. Hier steht ein Rundgang durch die Schokoladenfabrik Cailler-Nestlé auf dem Programm – Kostprobe und Verkauf inbegriffen. Juni–Okt., jeweils Mi., Reservierung ist obligatorisch.
▌**Montreux-Oberland-Bahn,** Tel. 021/963 65 31, www.mob.ch.

Bergsteigen mit der Bahn

Die U-Bahn zum Gletscher oberhalb von Saas Fee benötigt für die 1434 m lange Strecke im Felsentunnel gerade mal 3,2 Min. Computergesteuert sausen die Wagen der Metro Alpin durch den Berg hinauf zum Mittelallalin (3500 m), wo ein Restaurant mit Panoramaterrasse den Blick auf etliche Gletscher und 14 Viertausender freigibt.
▌**Saas-Fee Bergbahnen AG,** Tel. 027/958 11 00, www.saas-fee.ch.

Mit nicht weniger als vier Bahnen gelangt man zur Staumauer des Lac d'Emosson. Von Martigny im Rhonetal überwindet zunächst der »Mont-Blanc-Express« (Endstation im französischen Chamonix) mit Hilfe einer Zahnradstange eine Steigung von 20%. Ab Le Chatelard (1129 m) erklimmt die steilste Standseilbahn der Welt (Steigung bis 87%) die Bergstation Château d'Eau (1821 m). Anschließend zuckelt ein Schmalspur-Panoramazug über die Bouchy-Schlucht durch Bergwald und über Felsenhänge. Die letzte Etappe hinauf auf die Krone der Staumauer (1961 m) geht es mit einem Standseilbähnchen, dessen maximale Steigung »nur« 73% beträgt
▌**Funiculaires & Petit train,** Tel. 027/769 11 11, www.emosson-trains.ch.

Zug der Sterne

Wer vom Belvédère des Pléiades (1360 m) den herrlichen Blick auf den Genfersee genießen möchte, erklimmt den Aussichtspunkt am besten mit der Zahnradbahn von Vevey. Hier oben ist man den Sternen nah – zumindest auf dem neuen Astronomielehrpfad »Astropléiades«.
▌**Montreux-Vevey Tourisme,** Tel. 021/962 84 36, www. montreux.ch.

Summertime – Festivaltime

Von Ernen im Oberwallis bis Genf im äußersten Zipfel der Westschweiz: Im Sommer vergeht kein Wochenende ohne bedeutendes Kulturevent – vor allem Konzerte stehen auf dem Programm. Ob hochkarätige Klassik oder dezibelstarke Gitarrensolos: etliche Festivals sind weit über die Landesgrenzen hinaus bekannt.

Jazz, Pop und Hip Hop

Der Erfolg des **Montreux Jazz Festival** ist seit 1967 ungebrochen. Längst treten nicht nur Jazzgrößen auf – so gaben und geben sich Stars wie Chuck Berry, Monserrat Caballée, Eric Clapton, Bob Dylan, Miles Davis, Ella Fitzgerald, Dizzy Gillespie und Carlos Santana die Ehre (zwei Wochen im Juli).
▌**Jazzfestival Montreux,** Tel. 021/963 82 82, www.montreuxjazz.com

»Nur« dem Jazz, und dies seit 35 Jahren, verschreibt sich im Sommer die Stadt Genf. Die angebotenen Konzerte des **Genfer Jazzfestivals** finden in der Rocade, der Victoria Hall und im lauschigen Hof des Rathauses statt (Juli/August, jeweils Montag).
▌**Kulturabteilung der Stadt Genf,**
Tel. 022/418 65 00, www.ville-ge.ch/geneve/culture.

Klein hat es angefangen, das **Paléofestival** in Nyon: Zählte es 1976 gerade mal 1800 Gäste, pilgerten 25 Jahre später 200 000 an den Genfersee. Für Abwechslung ist gesorgt, die Palette reicht von Rock über Pop, Zigeunermusik und französische Chansons bis zum Hip Hop (eine Woche im Juli).
▌**Paléofestival Nyon,** Tel. 022/365 10 10, www.paleo.ch

Special

Festivals

Rock on the top

Allein die Kulisse ist den 40 000 Rockbegeisterten der Besuch des **Openairs Gampel** wert: Auf der Bühne geben deutsche Bands und einheimische Stars ihr Bestes, im Hintergrund sind die Schneegipfel ins Licht der untergehenden Sonne getaucht (drei Tage im August).
▍**Openair Gampel,** Tel. 027/932 50 13, www.openairgampel.ch

Hochkarätige Klassik

Das **Verbier Festival & Academy** wartet mit über 40 klassischen Konzerten, Theater- und Tanzdarbietungen auf. Die Besonderheit: Auf den Bühnen wechseln sich junge Talente mit renommierten Musikerinnen und Musikern ab (2 Wochen im Juli/August).
▍**Verbier Festival & Academy,** Tel. 021/925 90 60, www.verbierfestival.com

Zum **internationalen Festival der alten Orgel und der alten Musik** in Sion reisen Interpreten aus der ganzen Welt an. In der Basilika der Felsenburg Valeria ertönt die weltweit älteste noch spielbare Orgel (14. Jh.), die den musikalischen Raritäten aus alter Zeit ihren ursprünglichen Klangcharakter verleiht (sechs Wochen im Juli/August).
▍Festival international de l'Orgue Ancien,
Sion, Tel. 027/323 57 67.

Die Bezeichnung »**Musikdorf**« trägt Ernen mittlerweile auch offiziell, denn »Ernen hat sich einen Namen gemacht, der bis nach Tokio, Berlin und Paris reicht«, so György Sebök, der in dem malerischen Oberwalliser Dorf vor fast 30 Jahren die Meisterkurse und das heutige Festival mit hochkarätigen Konzerten in der Pfarrkirche begründete (zwei Wochen im August).
▍Ernen Tourismus, Tel. 027/971 15 62,
www.musikdorf.ch

Tipp Zum **Literaturfestival** in Leukerbad finden sich jeden Sommer Autoren und Autorinnen aus der Schweiz und anderen Ländern ein. Sei es im Schloss Leuk, auf dem Gemmipass oder in einem der Bäder – die Lesungen sind nicht nur für Erwachsene eine Wonne (drei Tage Anfang Juni).
▍Leukerbad Tourismus,
Tel. 027/472 71 71,
www.wuerfelwort.ch

Hohe Gipfel, tiefes Tal

Lage und Landschaft

Mit einer Fläche von 5226 km² ist das im Süden an Italien und Frankreich grenzende Wallis der drittgrößte der 26 schweizerischen Kantone.

Lebensader der vielgestaltigen Landschaft ist die Rhone. Ihr von eiszeitlichen Gletschern ausgewalzter Talkessel erreicht eine Breite von bis zu 3 km und ist damit der größte im gesamten Alpenraum. Vom 2274 m hoch liegenden Rhonegletscher aus durcheilt der noch junge Fluss zuerst das wiesenreiche Oberwallis oder Goms, bevor er dann durchs streckenweise südländisch anmutende Mittelwallis zieht und beim Kantonshauptort Sion das Unterwallis erreicht. Bei Martigny wendet sich die Rhone abrupt in Richtung Nordwesten und mündet nach rund 170 km in den Genfer See.

Zahlreiche Bergflüsse bahnen sich ihren Weg ins Rhonetal, und jedes dieser Seitentäler hat seinen eigenen Reiz. Das bekannteste von ihnen endet im berühmten Ferienort Zermatt, wo zahlreiche Viertausender – darunter die Dufour-Spitze (4634 m), der höchste Punkt der Schweiz – die Szenerie beherrschen.

In den mittleren Lagen bestimmen ausgedehnte Bergwälder und die darüber liegenden Alpweiden das Bild, noch höher im Reich der Felsen begeistern Wildbäche, klare Bergseen, Passübergänge und himmelstrebende Gipfel den Naturliebhaber.

Das auch »Schweizer Riviera« genannte Nordufer des Genfer Sees liegt fast ganz im Kanton Waadt; der offene und heitere Landstrich macht diesem Namen alle Ehre. Von den ausgedehnten Rebhängen, alten Schlössern und kleinen Winzerdörfern bietet sich über die weite Wasserfläche ein zauberhafter Blick auf die schneebedeckten Savoyer Alpen.

Klima und Reisezeit

Nirgendwo in der Schweiz ist das Klima so kontrastreich wie im Wallis. Im Talkessel der Rhone erreichen die Temperaturen im Hochsommer manchmal über 30 °C, so dass die Böden in den tiefen sowie in sonnenexponierten Lagen an den Hängen aufwändig künstlich bewässert werden müssen. Gleichzeitig herrscht in den Hochalpen – nur wenige Kilometer entfernt – ewiger Frost.

In Sion scheint die Sonne jährlich 350 Std. mehr als in Zürich, zudem liegen im Wallis die regenärmsten Gebiete der Schweiz. Zur Hitze gesellt sich Wind, der hier so häufig bläst wie in keinem anderen Landesteil.

Genf ist vorwiegend vom kontinentalen und nur geringfügig vom mediterranen Klima beeinflusst. Auch dieser Kanton ist sonnenreich und arm an Niederschlägen. Im Winter wechseln hingegen längere Nebelperioden mit stürmischen Nordwinden ab. Ausglei-

Hohe Gipfel, tiefes Tal

chend wirkt der Genfer See, er sorgt für eine leichte Brise und viele milde Tage.

Die ideale Reisezeit hängt vom gewählten Ziel ab: Wer das Rhonetal kennen lernen will, kommt am besten im Frühling oder aber im Oktober, wenn die goldenen Weinstöcke mit dem klarblauen Himmel kontrastieren. Vom Frühsommer bis in den Herbst hinein locken die höher gelegenen Seitentäler der Rhone mit angenehm warmen Temperaturen, auch weht hier oft ein sanftes Lüftchen. Aber Vorsicht: Wer die Baumgrenze (ca. 1800 m) hinter sich lässt, gerät leicht ins Schwitzen. Wer dem Wintersport frönen möchte, kann von Dezember bis April mit ausreichend Schnee rechnen. Am Genfer See dagegen ist das ganze Jahr über Ferienzeit, ein Kulturtrip nach Lausanne oder Genf lohnt auch im Winter.

Steinböcke sieht man häufiger in den Walliser Alpen

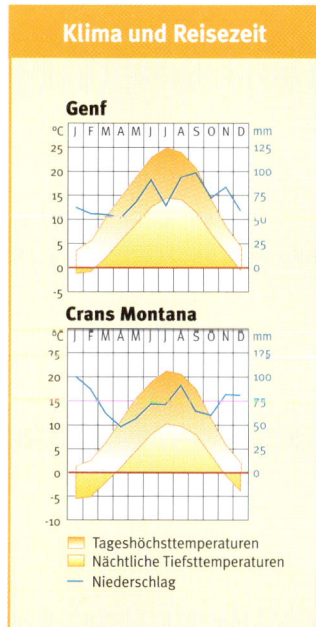

Klima und Reisezeit

Genf

Crans Montana

☐ Tageshöchsttemperaturen
☐ Nächtliche Tiefsttemperaturen
— Niederschlag

Natur und Umwelt

Heiß im Tal, mild in den höheren Lagen – entsprechend mannigfaltig stellt sich im Wallis die Pflanzenwelt dar. In der »Walliser Felsensteppe« im Rhonetal, botanisch eine Filiale der Mittelmeervegetation, gedeihen Zypressen, Mandelbäume und provenzalische Kräuter. Die Bergmatten erfreuen mit klassischen Alpenblumen, aus mancher Felsspalte bricht das Edelweiß hervor. Doch leider haben Lawinenverbauungen die Flora mancherorts stark dezimiert.

Artenreich ist auch die Fauna. Im heißen Rhonetal flattern Schmetterlinge in allen erdenklichen Mustern und Farben, am Boden sonnen sich derweil Äskulap- und Ringelnatter, während an sumpfigen Stellen zahlreiche Wasservögel, darunter auch bedrohte Arten wie der Flussregenpfeifer und der Flussuferläufer, nisten.

An Geröllhängen tummeln sich Gämse und Steinbock, auf Bergweiden pfeift das Murmeltier, darüber kreisen die Alpendohle und die in der Schweiz sehr seltene Alpenkrähe. Hin und wieder ist gar ein Stein- oder Königsadler auszumachen. Mit etwas Glück sieht man im Hochwald Rothirsche, seit 1983 ist auch der Luchs wieder heimisch, und sogar Wölfe wurden

wieder gesichtet. Unter den gefiederten Waldbewohnern finden sich Birkhahn, Auerhahn, Uhu und Schwarzspecht.

Am Genfer See begünstigt das auch im Winter milde Klima und helle Licht das Wachstum empfindlicher und blütenreicher Pflanzen wie Kamelien, Oleander und Orangen. Im Genfer Hinterland gedeiht rund die Hälfte der in der Schweiz vorkommenden und zum Teil sehr seltenen Pflanzen, sie sind u. a. in 29 Naturschutzgebieten heimisch. Ein typisches Bild der Campagne sind die alten Alleen, manche mit mächtigen, knorrigen Eichen.

Während in Genf Umwelt- und Naturschutz gesetzlich verankert sind, haben die Naturschützer im Wallis einen schweren Stand. Immer wieder zu Diskussionen Anlass geben die Auswirkungen der Schwerindustrie im Rhonetal, der Energiegewinnung und des Tourismus in manchen ursprünglichen Tälern. Ein wichtiges Anliegen sind die Erhaltung der Bannwälder und die Ausweisungen von Schongebieten zum Schutz vor Lawinen.

Dank des milden Klimas gedeihen die Reben bis in 1200 m Höhe

Gemüse und Obst im Überfluss

Zwar hatten die Walliser den Sümpfen an der Rhone ab Mitte des 19. Jhs. weite Gebiete fruchtbaren Bodens abgerungen, doch sind in den letzten Jahrzehnten größere Flächen dem Bau von Industrieanlagen und der Autobahn zum Opfer gefallen. Etliche Hektar sind zwar inzwischen, teils bis unmittelbar an die Autobahn hin, wieder urbar gemacht worden, viele Böden brauchen jedoch ein bis fünf Jahre Erholungszeit. Dennoch werden durchschnittlich pro Jahr die stolze Menge von 90 000 t Obst und Gemüse produziert.

Die Verminderung der Anbauflächen im Rhonetal hat einen nicht zu unterschätzenden Vorteil: Produktionsüberschüsse, früher an der Tagesordnung, gingen zurück. Was noch vor rund 20 Jahren mit diesen Überschüssen geschah, hat landesweit für Empörung gesorgt: Denn anstatt die Ware, um sie loszuwerden, zu Dumpingpreisen anzubieten, kippten die zornigen Gemüse- und Obstbauern ganze Wagenladungen von Tomaten und Aprikosen in die Rhone.

Dass sie zu viel produziert hatten, war indes nicht allein das Werk der eifrigen Sonne, sondern auch Ergebnis der ungeschickten Agrarpolitik manch eines Unterwallisers. So reiften beispielsweise fast alle Tomaten gleichzeitig und ausgerechnet zur Ferienzeit heran, wenn die Kunden größtenteils außer Landes waren. Die jüngere Bauerngeneration zieht Tomaten heute vermehrt auch in Gewächshäusern und nimmt damit Einfluss auf die Reifezeit. Dennoch anfallende Überschüsse – die sich jährlich immer noch auf ein paar hundert Tonnen summieren – werden vom Oberkriegskommissariat übernommen, das daraus Soßen herstellen lässt, um damit die Schweizer Soldaten zu verköstigen.

Bevölkerung und Sprache

Das mit rund 53 Einwohnern/km² relativ dünn besiedelte Wallis zählt insgesamt rund 276 000 Bewohner. Viele Walliser haben in den letzten Jahrzehnten dem harten Leben in den Bergen den Rücken gekehrt und finden ihr Auskommen inzwischen außerhalb des Kantonsgebietes.

Ahnherren der Oberwalliser waren die Alemannen. So ist es nicht verwunderlich, dass am Oberlauf der Rhone das aus dem Mittel- und Althochdeutschen hervorgegangene »Wallisertiitsch« gesprochen wird. Sprach- und Kulturgrenze ist der Pfynwald unweit von Sierre. Die Unterwalliser, die wie die Westschweizer von Burgundern und Savoyarden abstammen, sprechen Französisch, pflegen daneben aber durchaus bewusst die fremdartigen »Patois«. Diese aus dem Vulgärlateinischen hervorgegangenen Dialekte hören sich in jedem Tal etwas anders an und werden manchmal nicht einmal von anderen »Patoisants« verstanden. In den Ferienzentren der französischsprachigen Gebiete wird immer auch Deutsch gesprochen.

Ob Ober- oder Unterwallis – beiden gemeinsam ist ein gesundes Quantum an Eigenständigkeit. Das Selbstbewusstsein der Walliser beruht auf der Erfahrung, dass sie trotz jahrhundertelanger Kämpfe – früher gegeneinan-

Die Walser

Selbstbewusst, beharrlich und keinem Herren untertan: Die Walser, Vorfahren der heutigen Oberwalliser, ließen sich von niemandem etwas sagen. Im 9. Jh. besiedelten die alemannischstämmigen Abenteurer das nahezu menschenleere obere Rhonetal, machten den Boden urbar und vermehrten sich so stark, dass sie expandieren mussten. Bis Ende des 12. Jhs. waren sie in nahezu allen Tälern des deutschsprachigen Wallis sesshaft geworden – ausnahmslos in abgelegenen Bergregionen mit kargen Böden, auf welche die einheimische Bevölkerung keinen Anspruch erhob. Im 13. Jh. stießen sie über die Pässe nach Norditalien vor, später auch ins Tessin und über Graubünden und die Ostschweiz bis ins Große und Kleine Walsertal. Um in den unwirtlichen Regionen überleben zu können, denen man selbst das Lebensnotwendigste noch abringen musste, arbeiteten die Walser überaus hart, bewahrten sich dabei jedoch weitgehende Unabhängigkeit: Über Jahrhunderte pflegten sie ihre Sprache, Kultur und Bräuche, richteten sich ausschließlich nach ihren eigenen Gesetzen und unterstanden gar einer eigenen Gerichtsbarkeit.

In letzter Zeit dezimierte die Abwanderung aus den Berggebieten leider auch die Walsersiedlungen. Beharrlich und zäh halten die wenigen übrig gebliebenen Vertreter des Volkes jedoch nach wie vor: Für den Fortbestand ihrer Kultur setzen sich heute Walservereinigungen aus fünf Ländern gemeinsam ein. Zu den bedeutendsten Stätten der Walser führen etliche **Walserwege,** darunter der zum Kulturweg Europas ernannte, 300 km lange Große Walserweg (s. S. 90). Infos: www.walserweg.ch

der und gegen fremde Eindringlinge, heute gegen unberechenbare Naturgewalten – ohne Hilfe von außen ihr Leben zu meistern im Stande sind.

Mit rund 417 000 Einwohnern zählt der kleine Kanton Genf wesentlich mehr Einwohner als das viel größere Wallis. Infolge der zahlreichen internationalen Organisationen in Genf leben hier auch mehr Ausländer als sonst irgendwo in der Schweiz – mit rund 38 % doppelt so viele wie im Landesdurchschnitt. Das ebenfalls an den Genfer See grenzende Waadtland wird von seinen Bewohnern weit mehr als Heimatland im eigentlichen Sinne betrachtet, als dies in anderen Kantonen der Fall ist, die Schweiz rangiert im Bewusstsein des Waadtländers erst an zweiter Stelle. Er selbst nennt seine Heimat denn auch »Pays de Vaud« (*pays* = Land).

Religion

Römische Soldaten und Händler brachten das Christentum schon früh in die Schweiz. Genf, Martigny und Chur waren die ersten Bischofssitze, der Bischof von Martigny wurde 381 erstmals urkundlich erwähnt. Noch heute sind die meisten Walliser praktizierende Katholiken, einer der sechs Schweizer Bischöfe residiert in Sion. Bis vor kurzer Zeit waren auch die höheren Schulen in kirchlicher Hand.

In Genf, von Jean Calvin reformiert und oft protestantisches Rom genannt, leben heute mehr Katholiken als Protestanten, was mit einer starken Zuwanderung zu erklären ist. Rund 20 % der Bevölkerung gehören einer anderen oder keiner Religion an. Auch in der Waadt, die als Untertanengebiet zusammen mit Bern reformiert wurde, hat die Zahl der Katholiken seit rund 60 Jahren deutlich zugenommen.

Wirtschaft

Mit der Begradigung der Rhone und der Entsumpfung weiter Teile des Tales gewann das Wallis seit 1863 rund 10 000 ha fruchtbarsten Boden dazu. Heute dient das untere Rhonetal als größter Obst- und Gemüsegarten der Schweiz. Zu Beginn des 20. Jhs. siedelte sich hier auch die chemische Industrie an, lieferten die riesigen Kraftwerke im Rhonetal doch genug Energie. Bis heute sind viele Menschen in dieser Branche beschäftigt. Nach dem Zweiten Weltkrieg ging die traditionelle Bewirtschaftung der Berghöfe stark zurück, während gleichzeitig Industrie und Fremdenverkehr expandierten. Heute leben rund 62 % der Walliser Bevölkerung

Steckbrief

- **Kantone:** Wallis (Valais), Waadt (Vaud), Genf (Genève).
- **Fläche:** ca. 6000 km^2, davon rund 62 % französischsprachiges Gebiet.
- **Bevölkerung:** ca. 1 309 000 Einwohner, rund 90 % im französischsprachigen Gebiet.
- **Höchster Punkt:** Dufour-Spitze im Monte-Rosa-Massiv (Wallis, 4634 m).
- **Größte Städte:** Genf (179 000 Einw.), Lausanne (114 000 Einw.), Sion (27 000 Einw.).
- **Größter See:** Genfer See (582 km^2), davon gut die Hälfte auf französischem Gebiet, Wassertemperatur im Sommer bis 23 °C.
- **Längster Fluss:** Rhone, von der Quelle bis zur Landesgrenze 264 km, 1900 m Gefälle.

Hohe Gipfel, tiefes Tal

Im Rhonetal gedeihen die Reben vortrefflich

Staatswesen und Politik

Wallis (Valais), Waadt (Vaud) und Genf sind drei von insgesamt 26 Kantonen der Schweizerischen Eidgenossenschaft. Die einzelnen Kantone mit je einer eigenen Verfassung verfügen über große politische Gestaltungsmöglichkeiten, die sie ihrerseits weitgehend an die Gemeinden delegieren. So regeln Kantone und Gemeinden selbstständig Schul-, Gesundheits- und Polizeiwesen und verfügen über die Steuereinnahmen. Dem Bund obliegen allein die Bereiche Außenpolitik, Landesverteidigung und Zoll.

vom Dienstleistungssektor, der größte Teil direkt vom Tourismus. Weitere 27 % sind in der Industrie tätig. 11 % verdienen ihren Lebensunterhalt noch mit der Landwirtschaft, die den Bergbauern ein karges, den Winzern ein üppigeres Einkommen sichert.

Die Westschweiz ist wirtschaftlich weniger stabil als die Deutschschweiz. Zwar nahm während der Hochkonjunktur um 1980 die Zahl der Arbeitsplätze in der Waadt – die mit der Nestlé AG in Vevey über einen internationalen Konzern verfügt –, vor allem aber in Genf massiv zu, während der Wirtschaftskrise der 1990er Jahre war die Arbeitslosenquote jedoch überdurchschnittlich hoch.

Größter Wirtschaftsstandort der Westschweiz ist Genf, vor allem ist die Stadt ein bedeutendes Dienstleistungszentrum: Rund 83 % der Beschäftigten arbeiten in Banken, internationalen Organisationen, der kantonalen Verwaltung oder aber am (zweitgrößten schweizerischen) Flughafen Genève-Cointrin.

Obwohl nahezu ein Stadtkanton, hat Genf in seinem Hinterland eine beachtliche Agrarproduktion vorzuweisen. Gesamtschweizerisch steht der Kanton an dritter Stelle im Weinbau, an vierter bei der Rapsproduktion und an sechster im Gemüse- und Getreideanbau.

Die schweizerische Legislative besteht aus zwei Kammern: Der Nationalrat als Vertretung des Volkes zählt 200 Sitze, welche proportional zur Einwohnerzahl unter den Kantonen aufgeteilt werden. Das Wallis ist zur Zeit mit 7, die Waadt mit 17 und Genf mit 11 Sitzen in Bern vertreten. In den Ständerat entsendet jeder Kanton zwei Abgeordnete.

Das Wallis ist politisch traditionell konservativ geprägt, in Genf halten sich die Rechte und die Linke in etwa die Waage. Schwieriger einzuordnen ist die Waadt: Parteipolitisch mehrheitlich konservativ, gilt sie in manchen Belangen dennoch als sehr fortschrittlich. So stellte beispielsweise die Einführung des Frauenstimm- und -wahlrechts im Jahr 1959 – die Gesamtschweiz folgte erst 1971 – eine schweizerische Pionierrat dar.

Die Bevölkerung der Westschweizer Kantone fühlt sich von der Deutschschweiz oftmals unverstanden. So beklagen die »Romands«, dass ihre Interessen in der gesamtschweizerischen Politik zu wenig berücksichtigt würden. Bei Volksabstimmungen entscheiden sie sich in der Tat häufig anders als die übrige Schweizer Bevölkerung.

Geschichte im Überblick

Ab ca. 8000 v. Chr. Erste Zeugnisse einer Besiedlung des Rhonetals. In der Bronzezeit (2300–800 v. Chr.) betrieben die Talbewohner Viehzucht und Ackerbau und handelten mit Rätien und den Donauländern.
58 v. Chr. Die Römer überschreiten die bedeutendsten Passübergänge, können das Wallis jedoch erst ca. 10 v. Chr. unterwerfen.
302 Bei Agaunum (St-Maurice) werden der zum Christentum übergetretene römische Legionär Thebäus und seine Getreuen umgebracht, die Ausbreitung des Christentums schreitet dennoch voran.
5. Jh. Nach dem Rückzug der Römer beherrschen die Burgunder die französischsprachigen, die Alemannen die deutschsprachigen Gebiete der Schweiz.
443 Genf wird die Hauptstadt der Burgunder.
515 Gründung der Augustinerabtei St-Maurice.
534 Die Franken unterwerfen Burgunder und Alemannen.
888 Mit dem Tod von Karl III. neigt sich das Frankenreich dem Ende zu.
999 Burgund überträgt das Wallis dem in Sitten residierenden Bischof als Lehen. Machtkämpfe zwischen Wallis und Savoyen, Kirche und Adel sowie Ober- und Unterwallis prägen sieben Jahrhunderte.
1032 Burgund und damit die französischsprachige Schweiz fällt an das Heilige Römische Reich Deutscher Nation.
1475 Ober- und Unterwalliser besiegen mit den Eidgenossen Savoyen. Das Oberwallis macht sich das Unterwallis untertan. Nach dem Tod Karls des Kühnen von Burgund 1477 ziehen sich die Burgunder aus der Westschweiz zurück.
1536 In Genf beginnt Jean Calvin die Reformation. Bern erobert die Waadt.
1798 Napoleon I. erobert weite Teile der Schweiz und errichtet die Helvetische Republik. Bern verliert die Waadt, Genf fällt an Frankreich.
1800 Napoleon I. marschiert über den großen St. Bernhard ins Wallis ein und erklärt es zur unabhängigen Republik.
1813 Nach dem Zusammenbruch des französischen Empires marschieren die Österreicher im Wallis ein.
1815 Österreich überzeugt das Wallis, den vom Wiener Kongress beschlossenen Anschluss an die Eidgenossenschaft zu akzeptieren. Die europäischen Mächte garantieren der Schweiz »immerwährende Neutralität«. Wallis, Genf und Neuenburg treten der Eidgenossenschaft bei, damit sind die Grenzen der heutigen Schweiz gezogen.
1845 Im Sonderbundskrieg treten die katholischen Kantone, darunter das Wallis, gegen die protestantischen an, unterliegen jedoch.
1848 Mit der Gründung des schweizerischen Bundesstaates tritt eine moderne Verfassung in Kraft.
1864 In Genf gründet Henri Dunant das Rote Kreuz.
1920 Genf wird Sitz des Völkerbundes und weiterer internationaler Organisationen.
1986 Das Schweizer Volk lehnt den Beitritt zur UNO ab.
1992 Der Beitritt zum EWR wird ebenfalls abgelehnt.
2000 Die Schweizer stimmen bilateralen Abkommen mit der EU zu.

Kultur gestern und heute

Architektur

Römerzeit bis Barock

Aufgrund der günstigen Lage an zahlreichen Alpenpässen entstanden im Wallis und der Westschweiz seit der Römerzeit bedeutende Siedlungen und kulturelle Zentren, deren Überreste zu den ältesten architektonischen Zeugnissen zählen – so am Simplon, in Brig, Sion, St-Maurice, Lausanne, Nyon oder Genf. Die bedeutendsten Ausgrabungen, darunter ein Amphitheater, sind in Martigny zu besichtigen.

Als hervorragendes Beispiel der frühgotischen Sakralarchitektur gilt die 1275 geweihte Kathedrale von Lausanne, gotischen Stils sind außerdem etliche Burgen und Schlösser wie Chillon und Vufflens am Genfer See sowie Tourbillon in Sion. Die für das Wallis typischen Wohntürme stammen

Innenhof des sehenswerten Klosters St-Maurice

aus Gotik und Renaissance, z. B. das Viztumschloss in Leuk und der Muzot in Sierre, welcher von Rilke bewohnt wurde. Bedeutende Werke der Renaissance sind auch der Hof des barocken Stockalperpalastes in Brig und die holzgeschnitzte Decke des Festsaales im Maison Supersaxo in Sion.

In den alten Städten Brig, Sierre, Sion, Martigny und Genf beherrschen noch heute stolze Wohnbauten aus dem Barock ganze Straßenzüge. In barocker Üppigkeit erstrahlen auch viele kleine Kirchen und Kapellen im Wallis, vor allem im Goms, prächtiges Beispiel ist die Ringackerkapelle bei Leuk.

Die Moderne

Im 20. Jh. wurden etliche moderne Kirchen errichtet, etwa die Christ-König-Kirche in Genf, ebenso viele architektonisch kühne Betonbauten in den Walliser Bergtälern. Vorreiterin war die Kirche in Finhaut (1929) im Val de Trient, eine unverfrorene Kombination von gotischen und kubistischen Stilelementen. Das Gotteshaus von Blatten (1985) im Lötschental weist eine verblüffende Ähnlichkeit mit der traditionellen Architektur des Tales auf. Pionier der Moderne war der berühmteste Schweizer Architekt Charles-Eduard Jeanneret alias **Le Corbusier**

> ### Walliser Bauernhäuser
>
> Teilweise mehrere hundert Jahre alt sind die traditionellen sonnengeschwärzten Holzbauten im Wallis. Steile Außentreppen verbinden die zahlreichen Stockwerke, dekorative Malereien, Schnitzereien und Schriftzüge zieren die Hauswände – die schönsten Bauernhäuser findet man in Evolène (S. 81). Zum Wohnhaus gehört auch ein Kornspeicher, er ruht auf Holzpfählen mit breiten Steinplatten, die das Eindringen der Mäuse verhindern.

Kultur gestern und heute

Türe der Kirche von Münster

(1887–965): Er hat in seiner Heimat leider nur wenige Zeugnisse hinterlassen, eines davon ist das Immeuble Clarté (Glashaus) in Genf aus dem Jahr 1931 (s. S. 47). Der Tessiner **Mario Botta** dagegen setzt mit seinen wuchtigen Bauten in der ganzen Schweiz Akzente, so auch in Genf mit dem Gebäude der Banque Bruxelles Lambert (1996).

Bildhauerei

Etliche gotische, vor allem aber barocke Altäre in den Walliser Kirchen sind das Werk ganzer Generationen von Holzschnitzerfamilien, etwa der berühmten **Meister Ritz** aus dem Goms. Bedeutend sind auch die *Kapellenwege bei Vispertermines mit 10 Kapellen aus dem 18. Jh. und von Saas Fee, wo in 15 Rosenkranzkapellen über 100 Figuren die Wallfahrer erwarten. Beeinflusst von französischen Bildhauern wie Auguste Rodin, haben sich in neuerer Zeit zwei Waadtländer einen Namen gemacht: **Casimir Reymond** (1893–1969) verschrieb sich einerseits dem strengen Realismus, schuf aber auch expressive Werke, vorwiegend gestaltete er Büsten. In den teilweise monumentalen Werken von **Milo Martin** (1893–1970) vereinigen sich Klassizismus und Moderne.

Als herausragende Schweizer Plastik des 20. Jh. gilt auch das *Reformationsdenkmal in Genf (1909–1917), entworfen von vier Architekten aus Lausanne.

Malerei

Im romantischen Künstlerkreis der Nazarener in Rom wurde der Genfer **Maximilien de Meuron** (1785–1868) zur pathetischen Hochgebirgsmalerei inspiriert. Zur Blüte geführt haben diese Kunstrichtung wenige Jahre später **François Diday** und **Alexandre Calame,** die ebenfalls aus Genf stammten. Ihre oft großformatigen Darstellungen einsamer, von Gewitter und Sturm gepeitschter Berghöhen erinnern an Theaterkulissen. Zu den sog. Genfer Landschaftern gehörte zur selben Zeit auch **Barthélemy Menn,** dessen kleinformatige, gefühlsselige »paysages intimes« den Deutschschweizer Landschaftern als Vorbild dienten.

Bedeutende Pioniere der Schweizer Moderne waren die Waadtländer **Félix Vallotton** (1865–1925) aus Lausanne und **René Auberjonois** (1872–1937). Vallottons Arbeiten zählen zur Art Nouveau mit symbolistischem Einschlag. Nicht genau einzuordnen sind jedoch seine Holzschnitte, deren mit Humor durchsetzte Bitterkeit, ja sogar Grausamkeit ihn als Vorläufer des Hyperrealismus erscheinen lässt.

Die imposanten Gemälde von René Auberjonois zeigen eine geistige Verwandtschaft mit französischen Spät-Impressionisten, jedoch gilt er vor

21

allem als exzellenter Zeichner von außerordentlicher Sensibilität.

Von starker Ausdruckskraft ist das in den ersten Jahrzehnten des 20. Jhs. entstandene Werk von **Louis Soutter** (1871–1945), der sich insbesondere mit seinen Fingermalereien einen Platz unter den Pionieren der modernen Kunst sicherte. Der berühmte **Le Corbusier** (s. S. 20) hat übrigens nicht nur die Architekturgeschichte des 20. Jhs. geprägt, sondern auch gemalt, zusammen mit dem Franzosen Amédée Ozenfant begründete er 1918 den Purismus.

Musik

Die Walliser lieben ihre traditionelle Musik – besonders Märsche für Pfeifer und Trommler und die so genannten Franzosenmärsche, die von zahlreichen dörflichen Blaskapellen gespielt werden.

Der avantgardistischen Musik widmen sich in Sion Interpretationskurse unter dem Titel **Festival Tibor Varga**, die seit 1963 jedes Jahr unter Mitwirkung des zeitgenössischen Walliser Komponisten **Pierre Mariétan** durchgeführt werden. Als Dirigent und Musikphilosoph erzielte der Genfer **Ernest Ansermet** (1883–1969) in der Schweiz wie im Ausland bahnbrechende Wirkung. Der Interpret der Avantgarde hat sich äußerst erfolgreich für die Entfaltung der modernen Musik in der Schweiz eingesetzt.

Frank Martin, ebenfalls ein Genfer, wirkte als Musikpädagoge und Komponist (1890–974), die Verbindung traditioneller Musik mit moderner Klangtechnik machte ihn weltbekannt. Sein Werk umfasst zahlreiche Instrumental- und Vokalwerke, das bedeutendste ist vermutlich das Oratorium »Le vin herbé«.

Literatur

Die Kantone Genf und Waadt weisen eine lange literarische Tradition auf. **Jean-Jacques Rousseau** (1712–1778) schuf als erster Westschweizer eine Literatur der Naturverbundenheit, mit seinen romantischen Landschaftsbeschreibungen zeigte er die Natur als Weiterführung der inneren Welt des Menschen.

Als erster Schriftsteller, der mit der konventionellen literarischen Sprache brach und sich der Alltagssprache bediente, gilt **Charles-Ferdinand Ramuz** (1878–1947). So beschrieb er Landschaft und Menschen des Waadtlandes und Wallis, wie er sie sah, und flocht oft Sagen und Legenden ein.

Die neuere Westschweizer Literatur wurde und wird maßgeblich von Frauen geschrieben: **Corinna Bille** (1912–1979), **Anne Cunéo, Ella Maillart, Monique Saint-Hélier, Alice Rivaz, Yvette Z'Graggen** und **Cathérine Colomb** (1892–1965) – Letztere eine Freundin von Virginia Woolf – haben sich mit ihrem eigenständigen, von zeitgenössischen Strömungen kaum beeinflussten Stil als Verfasserinnen von Romanen und in der Lyrik einen Namen gemacht (s. S. 23).

Als bedeutendster zeitgenössischer Walliser Schriftsteller und zugleich Erneuerer der Westschweizer Literatur gilt **Maurice Chappaz** (geb. 1916). In seinem umfangreichen poetischen und lyrischen Werk schildert er in berührend schöner Sprache wie auch kritischen Untertönen seine Heimat und scheut sich dabei auch nicht, brisante politische Themen anzusprechen.

Im deutschsprachigen Wallis sind die Literaten seit jeher dünn gesät. Lesenswert sind die realistisch-romantischen, zuweilen etwas überbordenden Werke von **Pierre Imhasly** (geb. 1939).

Kultur gestern und heute

Brauchtum

Seit Jahrhunderten werden im Wallis eine Fülle althergebrachter Bräuche und Traditionen sogar im Alltag gepflegt, von denen viele nur in einem Tal oder gar in einem Ort zu Hause sind. So trifft man im Lötschental, im Val d'Anniviers und Val d'Hérens noch alte Frauen, die ihre traditionelle Tracht auch werktags tragen.

Wichtig sind den Wallisern religiöse Feste, die sie mit Ernst und Ehrfurcht feiern. Im Lötschental und in Visp treten an kirchlichen Festtagen – insbesondere an Fronleichnam, am Segenssonntag und bei Wallfahrten – die **Herrgottsgrenadiere** auf. In prächtigen Uniformen, wie sie die Walliser in fremden Kriegsdiensten getragen haben, marschieren sie den Bittprozessionen der Bevölkerung voran.

Vor allem an Festtagen zeigt man Tracht

Bauernfeste

Lokale Feste finden statt, wenn die Bauern eines Tals im Spätfrühling ihr Vieh auf die Alp treiben (Alpaufzug) und es im Herbst wieder in den heimischen Stall zurückgeleiten (Alpabzug). Den Sommer über werden auf den Alpen und in den Dörfern Älpler-, Trachten- und Sängerfeste gefeiert, auf dem Gemmipass und auf der Riederalp finden Schäferfeste statt. Bei den traditionellen Kuhkämpfen im Unterwallis wird alljährlich in einer Endausscheidung die Königin unter den zähen Eringerkühen gekürt (s. S. 80). Im Herbst ziehen die Winzerfeste im unteren Rhonetal viel Publikum an.

Literaturtipps

- Charles-Ferdinand Ramuz: **Farinet,** Limmat-Verlag Zürich 1986. Verehrt und berüchtigt als eine Art Walliser Robin Hood, verteilte der Falschmünzer Farinet unter seinen armen Landsleuten Geld, bevor er gewaltsam zu Tod kam.
- Cathérine Colomb: **Zeit der Engel** (Le temps des Anges), Suhrkamp 1998. Dialog mit den verstorbenen Bewohnern alter waadtländischer Stätten.
- Corinna Bille: **Schwarze Erdbeeren** (La Fraise noire), Waldgut-Verlag Frauenfeld/CH 1989. Erzählungen über Sinnlichkeit und Tod.

- Maurice Chappaz: **Die hohe Zeit des Frühlings,** Ullstein-Taschenbuch 1998. Berichte und Erzählungen aus dem Wallis.
- Ders.: **Rinder, Kinder und Propheten – 2000 Jahre in den Bergen in 36 Bildern,** Waldgut-Verlag Frauenfeld/CH 1990. Illustrierte Geschichten aus den verschiedensten Regionen des Kanton Wallis.
- Pierre Imhasly: **Rhonesaga,** Stroemfeld 1996. Ausgesprochen opulentes Werk zu Geschichte und Geschichten rund um die Rhone von der Quelle bis zur Mündung.

Kultur gestern und heute

Tolles Treiben
In vielen Tälern trifft man sich zum ausgelassenen Fasnachtstreiben, dann gehen im Lötschental die mit Furcht erregenden, riesigen Holzmasken ausstaffierten **Roitschäggättä** um; als tollste Fasnacht im Unterwallis gilt jene in Monthey.

Im Kanton Waadt hatten die Berner viele der alten Volksbräuche verboten, daher haben nur wenige – wie die Märkte in Vevey (Marché St-Martin) und Lausanne (Marché St-Louis) – überlebt. Im Herbst werden in den Dörfern am Genfer See Winzerfeste gefeiert, oft mit farbenfrohen Umzügen. Berühmt ist die **Fête des Vignerons** in Vevey, die nur alle 25 Jahre stattfindet (s. u.). Rund 5000 Mimen, Tänzer und Musiker aus der Region verwandeln dann das Städtchen in eine einzige Theaterbühne.

Mit Furcht erregenden Masken vertreibt man im Lötschental den Winter

Feste & Veranstaltungen

- **Februar:** **Fasnachtstreiben** in zahlreichen Walliser Orten; am berühmtesten sind die Roitschäggättä im Lötschental (s. S. 89) und die Fasnacht in Monthey.
- **März: Internationaler Automobil-Salon** in Genf.
- **April/Mai: Tulpenfest,** Montreux.
- **Mai: Internationales Opern-Festival** in Lausanne; **Musikfestival »Goldene Rose«** in Montreux; **Weinmarkt** in Vevey.
- **Juni: Fronleichnams-Prozessionen** im Lötschental und in Visp; **Jazzfestival** im Jardin Anglais in Genf; am 21. Juni vielerorts im Wallis **Johannisfeuer.**
- **Juni–September:** Im Wallis **Älplerfeste,** oft verbunden mit dem Alpaufzug bzw. -abzug des Viehs.
- **Juli: Jazz-Festival** in Montreux, **Festival de la Cité** (Altstadtfestival) in Lausanne; **Schäferfest** auf dem Gemmipass mit Hunderten von Schafen und Festbetrieb; **Rhonefest** mit volkstümlichen Veranstaltungen in Vevey; **Paléo-Festival** in Nyon (Filme).
- **Juli/August: Film- und Theatervorführungen** im Stockalperhof in Brig; **Verbier Festival & Academy** (klassische Musik, Theater, Tanz, Konzerte mit berühmten Interpreten); **Internationales Festival der alten Orgel und der alten Musik** in Sion; **Festival der klassischen Musik** in Ernen; **Folklorefest** in Zermatt; **Fête des Vignerons** in Vevey, alle 25 Jahre, die nächste 2024 (s. o.); **Nationalfeiertag** am 1. August: Höhenfeuer, Feuerwerk und folkloristische Darbietungen; **Sommertheater-Festival** in Nyon.
- **Juli–September: Festival Tibor Varga** in Sion: Konzerte und Freilichtaufführungen.
- **September: Comptoir Suisse** (Nationale Messe) in Lausanne.
- **Oktober: Winzerfeste** im Rhonetal und am Genfer See; im Unterwallis Finale der **Kuhkämpfe,** aus denen das Leittier für die Alpzeit hervorgeht (s. S. 80).
- **November: Antiquitätenmesse** in Lausanne.
- **Dezember: Santiglaistriichjen** (Nikolaus-Bräuche) am 6. Dezember im Goms; **Escalade** in Genf (beliebtes Volksfest mit großem Umzug in historischen Gewändern).

Aus Küche und Keller

In den ärmeren ländlichen Regionen der Schweiz und damit auch in den abgelegenen Walliser Bergtälern waren die Bewohner seit jeher auf Selbstversorgung angewiesen. Brot, Milch, Käse, Gemüse und etwas Fleisch bildeten die Grundlage der nahrhaften Gerichte für die schwer arbeitenden Bergbauern.

Großen Wert wird bis heute auf die Haltbarkeit gelegt. Zu jedem traditionellen Wohnhaus gehört daher ein gemauerter Küchentrakt – er hält die Feuchtigkeit fern – und ein Stadelbei, auch Stadel oder Speicher genannt, als Vorratskammer. Dieses kleine Holzhäuschen fällt sofort auf: Es steht auf vier Pfählen, eine weit ausladende Steinplatte – die Mäuseplatte – verhindert, dass Nagetiere eindringen und sich über die Vorräte hermachen.

Einfache Vielfalt

Obwohl das Wallis über Jahrhunderte Durchgangsgebiet war, blieb seine Küche von fremden Geschmacksvorlieben weitgehend unbeeinflusst und ist noch heute bodenständig. Jedoch herrscht kulinarische Vielfalt: Jedes Tal, und sei es auch noch so klein, kennt und liebt seine Spezialitäten. Dass die nach alten Rezepten zubereiteten Speisen inzwischen auch außerhalb der abgelegenen Berggebiete insbesondere Restaurantgästen gerne aufgetischt werden, liegt nicht zuletzt an der allgemein feststellbaren Renaissance von Großmutters Küche.

Als wichtigstes Grundnahrungsmittel diente über viele Jahrhunderte das Getreide, vor allem der anspruchslose – und im milden Klima auf Höhenlagen bis über 2000 m wohl gedeihende – Roggen. Das leicht säuerliche, oft mit Nüssen angereicherte Roggenbrot ist lange haltbar und nicht nur bei Einheimischen beliebt.

Beliebte Zwischenmahlzeit und in jeder Gaststätte erhältlich ist die **Walliser Platte:** Auf Holzbrett oder Teller werden Trockenspeck, Wurst, ein Stück Käse und das schmackhafte luftgetrocknete Rindfleisch serviert. Dazu gehören ein Stück dunkles Brot und ein Glas Rotwein. Gegen den großen Hunger hilft ein Teller **Gsottus** – ein Eintopf aus Gemüse, Wurst und Fleisch vom Schwein, Schaf und Zicklein – oder eine Lammkeule vom Grill, wie der Schweinsfuß in Madeirasauce eine typische Genfer Spezialität.

In der Not isst man die Wurst auch ohne Brot ...

Alle Romands lieben deftige Würste. Für manchen Gaumen zuerst ungewohnt, entfaltet sich ihr Wohlgeschmack dann umso nachhaltiger. Die Walliser **Saucisse de choux** enthält neben Fleisch auch Kohl. Ebenfalls einen glänzenden Ruf genießen die Wursterzeugnisse aus der Waadt, vor

> ### Reisvariationen
>
> Bereits vor langer Zeit wurde über die Alpenpässe italienischer Reis ins Goms eingeführt, als Süßspeise wird gerne Milchreis mit Zimt zubereitet. Im Dorf Mund bei Brig (s. S. 98) ist man stolz auf die einzige Safrankultur Europas. So verwundert es nicht, dass Safranreis dort als die lokale Delikatesse gilt.

Aus Küche und Keller

Walliser Appetitmacher: Speck, Wurst, Käse und Roggenbrot

Der Echte Safrankrokus

allem die geräucherten Leberwürste und die feine **Saucisson Vaudois.** Diese dicke, ausschließlich aus Fleisch hergestellte Wurst wird gerne mit Kartoffeln und Lauch serviert. Unbedingt probieren sollte man auch die Genfer **Longeoles,** mit Kümmel und Anis gewürzte Schweinswürstchen.

Gemüsespezialitäten

Je nach Saison liefern die ausgedehnten Kulturen im Rhonetal Bohnen, Karotten, Tomaten, Blumenkohl und vielerlei mehr. Die Zubereitungsarten sind vielfältig. Beliebt sind dicke Suppen, etwa die aus Puffbohnen zubereitete **Soupe aux fèves**. In der ganzen Romandie (französischsprachige Schweiz) liebt man **Quiches** oder **Gâteaux:** Diese Gemüsekuchen gibt es in vielerlei regionalen Varianten, als besonders schmackhaft gilt der mit Kartoffeln und Lauch belegte **Gâteau Saviesanne** aus dem Unterwallis. Walliser Spargel kommt im Frühjahr auf den Tisch. Man genießt ihn mit zerlassener Butter oder Mayonnaise, mit Käse überbacken oder als Quiche.

Alles Käse

Aus der Walliser Küche nicht wegzudenken ist Käse in allen Variationen. Zu den bekanntesten Sorten zählt der Hartkäse aus dem Val de Bagnes und der halbharte aus dem Goms. Beide werden aus Kuhmilch hergestellt und eignen sich vorzüglich für die berühmte, früher ausschließlich in alpinen Regionen bekannte **Raclette,** welche ihren Siegeszug längst über die Landesgrenzen hinaus angetreten hat: Am offenen Feuer oder einem Grill wird die Schnittfläche eines halben Käselaibes erhitzt. Ist die Oberfläche goldgelb geschmolzen, wird sie mit einem Messer abgeschabt und auf einem großen Teller sofort serviert. Dazu gibt es Pellkartoffeln, Silberzwiebeln und Essiggurken. Auf der Alp, wo im Sommer die Laibe reifen, wird der Käse am offenen Feuer zum duftenden **Bratkäsli.**

Auch in der Westschweizer Kuche hat der Käse seinen festen Platz – Brot, Gemüse, Tomaten, Spargel, ja sogar Obst wird mit Käse überbacken. Ein Klassiker auf der Speisekarte ist der Käsekuchen bzw. **Gâteau au fromage.** Aus der Waadt stammt der milde **Tomme vaudoise,** aus dem Kanton Genf der **Petit Suisse,** beides Frischkäse, und der Weichkäse **Reblochon.**

Aus Küche und Keller

Zum Käse ein Gläschen Weißwein

Edle Tropfen

Sei es zu Fleisch oder Fisch, zu Käse oder Wurst, sowohl im Wallis wie in der Westschweiz gehört ein Glas Wein einfach dazu. Auf insgesamt 10 400 ha reifen im Wallis, Am Waadtländer Ufer des Genfer Sees und im Kanton Genf rund 78 % der gesamtschweizerischen Weinproduktion – etwa 581 000 Hektoliter Weiß- und 421 000 Hektoliter Rotwein pro Jahr – heran.

Der Wein wird hauptsächlich von Hand gelesen, was seine hohe Qualität ausmacht. In allen drei Kantonen herrscht die *Chasselas*-Traube (Gutedel) vor. Die Walliser keltern daraus den **Fendant,** einen blumig-spritzigen Weißwein, der zu keinem Fondue fehlen darf, im Lavaux findet sich der Gutedel in den berühmten Abfüllungen **Dézalay, St-Saphorin** und **Epesses.** Doch gedeihen im Wallis über dreißig weitere weiße Rebsorten, so die *Sylvaner*-Traube, aus welcher der fruchtig-füllige **Johannisberg** mit leichtem Mandelgeschmack gekeltert wird. Glück hat, wer seinen Gaumen mit so seltenen, edlen Tropfen wie dem trocken-lebhaften **Muscat,** dem feurig-feinen **Amigne** oder dem trockensamtigen **Humagne blanc,** einer nur im Wallis angebauten Traube, verwöhnen darf.

Dass das **Käsefondue,** im 16. Jh. in bäuerlichen Kreisen beliebt, heute international geschätzt wird, ist nicht zuletzt der Werbung Schweizer Käseproduzenten zu verdanken. Geriebener Käse – je nach Gegend aus verschiedenen Sorten gemischt – wird mit Weißwein, Knoblauch, Pfeffer, Muskat und etwas Obstbranntwein aufgekocht und im Caquelon, einem Tongefäß über einer Spiritusflamme, auf den Tisch gestellt. In den flüssigen Käse tunkt man Brotbrocken. Als eine von etlichen Fondue-Variationen sei das Walliser **Fondue au tomates** empfohlen: Mit dem Käse zusammen kochen Tomaten, statt Brot werden Pellkartoffeln gereicht.

Am Genfer See hat insbesondere in den größeren Städten längst die internationale Küche Einzug gehalten, die heimischen Gerichte sind von den Kochkünsten der Franzosen inspiriert. Kein Wunder also, dass die Region als Feinschmecker-Eldorado gilt, und ganz sicher auf ihre Kosten kommen Fischgourmets. Denn im Genfer See sind Hecht, Weißfelchen und Eglifisch heimisch, als Spezialitäten gelten der Genfer **Omble chevalier** (Saibling) und die Waadtländer **Soupe de Poisson au Lac** (Fischsuppe mit Gemüse).

Aus *Gamay*- und *Pinot Noir*-Trauben gewonnen dominiert der vollmundige **Dôle** die Walliser Rotweine, noch kräftiger ist der **Pinot Noir,** leicht und blumig der **Goron.** In Vispertermninen bei Brig gedeihen an steilen, terrassierten, künstlich bewässerten Hängen auf 1200 m die höchstgelegenen Weinstöcke Europas; der daraus gekelterte **Heidenwein** zählt zu den Raritäten.

Wer's hochprozentig mag, gönnt sich den ebenfalls aus Walliser Trauben gewonnenen **Marc.**

Urlaub aktiv

In luftigen Höhen

■ **Alpenrundflüge** bietet der Flughafen Genf an; ab Sion und Zermatt starten **Air-Glacier,** Route de l'Aéroport, Sion, Tel. 027/329 14 15, Fax 329 14 19 (auch Fallschirmspringen), und **Air Zermatt,** Zermatt, Tel. 027/966 86 86, Fax 966 86 85.
■ Vom **Heißluftballon** auf die Gletscherwelt hinunterschauen kann man ab Montana; Auskunft erteilt das lokale Verkehrsbüro.
■ **Gleitschirmschulen** und Absprungplätze gibt es in fast alllen großen Walliser Ferienorten und auch in Montreux. **Deltafliegen** kann man in Fiesch und Verbier lernen. Informationen erhält man bei **Wallis Tourismus,** Rue Pré-Fleuri 6, 1951 Sion, Tel. 027/327 35 70, Fax 327 35 71, E-Mail: info@valaistourism.ch, Internet: www.valaistourism.ch
■ **Bungee Jumping** kann man in Chippis, auf dem Gemmipass, in Niouc und oberhalb von Fiesch wagen. Informationen gibt's bei **Wallis Tourismus** (Adresse s. oben).

Canyoning

Am imposantesten ist die Tour durch die Massaschlucht im Oberwallis, u. a. möglich ab Belalp und Riederalp. Eine Übersicht über Canyoning-Möglichkeiten gibt **Wallis Tourismus** (s. o.).

Golf

International bekannt sind die (9- und 18-Loch-)Plätze in Crans-Montana; als Gast golfen kann man aber auch auf der Riederalp, in Sierre, Sion, Verbier und Obergestelen sowie in Montreux und Nyon. Über Details informiert ein Golfplatzführer, zu beziehen bei **Schweiz Tourismus** (s. S. 100).

Höhlenforschung

Erfahrenen Höhlenforschern in die Tiefe folgen können Sie in Sierre, St. Niklaus und Verbier; informieren Sie sich bei den lokalen Verkehrsbüros.

Biken und Skaten

Normale Fahrräder sowie Mountainbikes, auch für Kinder, können in vielen Ferienorten sowie an größeren Bahnhöfen gemietet und dürfen in der Bahn, auf dem Schiff und in einigen Bergbahnen gegen Aufpreis mitgeführt werden.

Vom Rhonegletscher (Andermatt) bis an den Genfer See und weiter bis Genf führt abseits der großen Straßen meist entlang der Rhone die 325 km lange, gut beschilderte **Rhone-Radroute.** Die Etappe von Brig über Montreux bis Genf (235 km) eignet sich auch für Inline Skating. Näheres dazu bei Wallis Tourismus (s. o.).

Eine Karte mit den Rad- und Mountainbike-Strecken am Genfer See gibt das **Office du Tourisme du Canton de Vaud** heraus (Postfach 164, 1006 Lausanne, Tel. 021/613 26 26, Fax 613 26 20).

Rafting/Kanufahren

Raften und Kanufahren kann man auf der Rhone ab Oberwald, Sierre, Chippis, Sion, Susten und Le Bouveret, Näheres bei **Wallis Tourismus** (s. o.) oder den lokalen Verkehrsbüros.

Raften – ein feuchtes Vergnügen

Ab in die Schlucht

Reiten

Reitschulen und geführte Ausritte gibt es in allen größeren Ferienorten. In Fiesch und St. Niklaus wird zudem Lama-, in Ernen Maultier- und in Embd Yak-Trekking angeboten, in Veysonnaz und Praz-de-Fort kann man auf Eseln reiten.

Wandern/Bergsteigen/Klettern

Ob man am Ufer des Genfer Sees entlangspazieren oder die Hochalpen erklimmen will, das Wanderwegnetz ist durchwegs gut markiert: Routen bis mittlerem Schwierigkeitsgrad gelb, anspruchsvolle Gebirgsrouten rot-weiß, Hochtouren blau-weiß. Hilfe bieten die exakten Karten des **Amtes für Landestopographie** (Maßstab 1:25 000 oder 1:50 000). Das Wallis verfügt über zahlreiche Berghütten, die jedoch nicht alle ganzjährig geöffnet oder bewirtschaftet sind, es informiert der **Schweizer Alpenclub** (SAC), Monbijoustraße 61, 3007 Bern, Tel. 031/370 18 18; www.saccas.ch. In manchen Ferienorten werden im Sommer geführte Wanderungen angeboten. Alle größeren Ferienorte verfügen zudem über Kletterwände, eine Übersicht bei Wallis Tourismus (s. S. 29).

Wassersport

Der Genfer See eignet sich bestens zum Schwimmen, Rudern, Segeln, Surfen und Wasserski fahren. Entsprechende Schulen gibt es u. a. in Vevey, Montreux, Morges, Rolle, Nyon; Näheres bei den lokalen Verkehrsbüros.

Big Banana, American Kayak und Wake-Board kann man in Le Bouveret ausprobieren: **lac & mer,** Tel. 024/481 83 61, und **Ecole de voile et moteur,** Tel. 024/481 49 01.

Wintersport

Das Wallis ist ein Wintersportgebiet par excellence mit mehreren hundert Kilometern geräumten Winterwanderwegen, Rodelbahnen, Natur- und Kunsteisbahnen. Sommerskifahren kann man auf dem Mittelallalin (Saas Fee), Plateau Rosa (Zermatt) und der Plaine Morte (Montana).

Unterkunft

Hotels

Schweizer Hotels genießen zu Recht einen guten Ruf. Die dem Schweizer Hotelier-Verein (SHV) angeschlossenen Betriebe werden in fünf Kategorien eingeteilt (OOOOO bis O), doch können auch nicht dem SHV angeschlossene und daher nicht offiziell klassifizierte Hotels und Pensionen qualitätsmäßig meist mithalten. Der Übernachtungspreis enthält in aller Regel auch das Frühstück, Bedienung und Taxen. Bei einem Mindestaufenthalt von (meist) drei Nächten gewähren viele Häuser Vergünstigungen, Pauschalarrangements werden vor allem außerhalb der Hochsaison (Weihnachten/Neujahr, Ostern, Juli/August) angeboten.

Bei **Schweiz Tourismus** (s. S. 100) sind Hotelführer und Unterkunftsverzeichnisse einzelner Regionen erhältlich, auch Broschüren, die speziell Familien- oder Seniorenunterkünfte vorstellen oder Landgasthöfe bzw. einfache und gemütliche Unterkünfte (E&G-Hotels) auflisten.

An Behinderte richtet sich der Hotelführer von **Mobility International Schweiz,** Frohburgstr. 4, 4600 Olten, Tel. 062/206 88 35, Fax 206 88 39; www.mis-ch.ch

Der umfangreiche Hotelführer Wallis präsentiert luxuriöse sowie traditionsreiche Häuser, aber auch Mittelklassehotels und Unterkünfte fürs kleine Budget. Er ist kostenlos erhältlich bei **Wallis Tourismus,** Rue Pré-Fleuri 6, 1951 Sion, Tel. 027/327 35 70, Fax 327 35 71, www.valaistourism.ch, wo es auch Prospekte für »Bed-and-Breakfast«-Unterkünfte und Übernachtungsangebote für Gruppen oder auf Berghütten gibt.

Gut ausgestattete Berghütten haben ihren Reiz

Hotelführer für die Gebiete am Genfer See bzw. den Kanton Genf können bezogen werden: **Office du Tourisme du Canton de Vaud,** Postfach 164, 1006 Lausanne, Tel. 021/613 26 26, Fax 613 26 20, oder bei **Genève Tourisme,** Rue du Mont-Blanc 18, 1201 Genève, Tel. 022/909 70 00, Fax 909 70 11, und auch bei den Büros von **Schweiz Tourismus** (s. S. 100).

Jugendherbergen/Hütten

Die Schweizer Jugendherbergen (SJH) unterhalten im Kanton Wallis Häuser in Fiesch, Sion und Zermatt, am Genfer See in Montreux und Lausanne sowie in Genf. Die Jugendherbergen stehen Gästen jeden Alters offen, ein Verzeichnis ist erhältlich beim **Deutschen Jugendherbergswerk,** Bad Meinberger Str. 1, 32760 Detmold, Tel. 0 52 31/9 93 60, Fax 99 36 66, www.djh.de; beim **Österreichischen Jugendherbergswerk,** Helferstorferstr. 4, 1010 Wien, Tel. 01/53 31 83 30, Fax 53 31 83 385. Mitgliedsausweise gibt's bei den **Schweizer Jugendherbergen,** Schaffhauserstr. 14, 8042 Zürich, Tel. 01/360 14 14, Fax 360 14 60, www.youthhostel.ch. Wer keinen gültigen Mitgliedsausweis besitzt, zahlt 6 sfr mehr pro Nacht, Familien 12 sfr mehr.

Unterkunft

Zum Übernachtungsangebot gehören auch Luxushotels aus dem 19. Jahrhundert

Auskünfte zu den gut ausgestatteten Berghütten des **Schweizer Alpenclubs** erhält man im Sekretariat des SAC (Adresse s. S. 30).

Camping/Caravaning

Fast alle größeren Fremdenverkehrsorte verfügen über offizielle Campingplätze, doch wird man zu manchen nur mit einem Carnet-Camping-International zugelassen.

Ein vollständiges Zeltplatzverzeichnis wird alljährlich herausgegeben vom **Verband Schweizerischer Campings** (VSC), Seestr. 119, 3800 Interlaken, Tel. 033/823 35 23, Fax 823 29 91, und vom **Schweizerischen Camping- und Caravaning-Verband** (SCCV), Habsburger Str. 35, 6004 Luzern, Tel. 041/210 48 22, Fax 210 00 02, www.sccv.ch. Wallis Tourismus bzw. das Office du Tourisme du Canton de Vaud oder Genf Tourismus geben Camping-Verzeichnisse für den jeweiligen Kanton heraus. Eine frühzeitige Reservierung des Stellplatzes wird vor allem während der Hauptferienzeit (Juli/August) empfohlen!

Ferienwohnungen

Ferienwohnungen – von einfachen Studios oder *Mazots* (kleine, typische Walliser Chalets) bis zu Wohnungen mit höherem Standard und komfortablen Chalets – sind im Wallis sehr verbreitet.

Bei **Wallis Tourismus** (s. S. 30) erhält man die Broschüre »Chalets und Ferienwohnungen«, Verzeichnisse mit Angeboten am Genfer See gibt es beim **Office du Tourisme du Canton de Vaud** (s. S. 100).

Ferien auf dem Bauernhof

Immer meht Zuspruch finden Ferien auf dem Bauernhof. Detaillierte Broschüren sind erhältlich bei den lokalen Verkehrsvereinen sowie der **Schweizer Reisekasse** (Reka), Neuengasse 15, 3011 Bern, Tel. 031/329 66 33, Fax 329 66 01, www.reka.ch, und speziell für die französischsprachige Schweiz, aber mit deutschem Text, bei **Fédération du tourisme rural de Suisse romande,** 1530 Payerne, Tel. 026/660 61 61, Fax 660 71 26.

Reisewege und Verkehrsmittel

Flugzeug

Crossair, Swisswings, Lufthansa und Lauda Air bieten täglich **Direktflüge** nach Genf an. Sion wird von Air Glacier von Zürich aus angeflogen. Im Winter bietet Crossair eine Verbindung von Hamburg, Berlin und Köln via Basel nach Sion an.

Fly Rail Bagagge ermöglicht den Gepäcktransport direkt ans Ziel; bei der Rückreise ist der Check-in an allen größeren Bahnhöfen möglich; zu buchen nur im Heimatland am Crossair-Schalter oder bei Schweiz Tourismus.

Eisenbahn

Täglich fahren Züge ab Deutschland und Österreich über Basel/Zürich nach Bern und weiter nach Brig oder über Lausanne nach Genf. **Nachthotelzüge** (City Night Line) gibt es ab Hamburg, Berlin, Dresden und Leipzig nach Basel sowie von Wien nach Zürich.

Autoreisezüge
Die Züge verkehren ab Hamburg/Hannover/Berlin/Düsseldorf/Köln nach Lörrach (bei Basel); ab Hannover/Köln nach Brig (im Winter) **Autoverladung** ist am Lötschbergtunnel und am Furkatunnel möglich.

> **Tipp** Ein besonderes Erlebnis ist eine Fahrt mit dem **Glacier-Express** von St. Moritz nach Zermatt.

Fahrkarten
Einfache Fahrkarten gelten je nach Distanz ein oder zwei Tage, Rückfahrkarten zwischen einem Tag und einem Monat. Kinder von 6–16 Jahren bezahlen den halben Preis. Von Deutschland in die Schweiz gelten Sparpreise, man erkundige sich bei der Deutschen Bahn, Tel. 0 18 05/99 66 33.

Die **Swiss Card** gestattet freie Fahrt ab der Schweizer Grenze oder Flughafen bis zum Zielort, dazu beliebig viele Fahrten (Bahn, Schiff, Postauto) zum halben Preis während eines Monats.

Der **Swiss Pass** bietet freie Fahrt auf 16 000 Bahn-, Schiffs- und Postauto-Kilometern sowie im öffentlichen Verkehrsnetz von 36 Städten; Gültigkeit 4, 8, 15 Tage bzw. 1 Monat.

Der **Swiss Flexi Pass** bietet das gleiche wie der Swiss Pass, aber nur an drei beliebigen Tagen innerhalb seiner Gültigkeit von 15 Tagen. Swiss Card, Swiss Pass und Swiss Flexi Pass sind nur im Heimatland und für Nicht-Schweizer erhältlich!

Regionale Ferienabonnements gibt es für Montreux/Vevey, Martigny und das Oberwallis (Mai–Oktober).

> Bahninformation von **Schweiz Tourismus**, Frankfurt/M., Tel. 069/25 60 01 36, Fax 25 60 01 10.

Auto

Für die Einreise sind Fahrzeugpapiere, nationaler Führerschein und Nationalitätskennzeichen (D, A) erforderlich. Der Pannendienst ist Tag und Nacht unter Tel. 140 zu erreichen. Aktuelle Informationen über den Straßenzustand unter Tel. 163.

> **Touring-Club der Schweiz** (TCS), Chemin de Blandonnet 1, 1214 Vernier, Tel. 022/ 417 27 27, Fax 417 20 20; **Automobil-Club der Schweiz** (ACS), Wasserwerkgasse 39, 3011 Bern, Tel. 031/ 328 31 11, Fax 311 03 10, www.acs.ch.

Reisewege und Verkehrsmittel

Mit den Schweizer Bahnen geht es bis auf 3000 m Höhe

Die Preise für Benzin liegen etwas unter, jene für Diesel über denen in Deutschland und Österreich. Viele Tankstellen haben auf Geld- (10- oder 20-Franken-Scheine) und Kreditkarten-Automaten umgestellt und sind abends nicht besetzt.

Die auf Schweizer Autobahnen obligatorische **Autobahn-Vignette** (40 sfr) gilt von Dezember bis Januar des übernächsten Jahres und ist an der Grenze, bei Postämtern, Tankstellen und den Automobilklubs erhältlich.

Verkehrsregeln

Die Höchstgeschwindigkeit in geschlossenen Ortschaften beträgt 50 km/h, auf Landstraßen 80 km/h, auf Autobahnen 120 km/h, für Fahrzeuge mit Anhänger generell 80 km/h, ebenso für Wagen mit Spikesreifen (nur von Nov. bis April zugelassen, auf Autobahnen verboten). Es besteht Anschnallpflicht.

Auf Bergstrecken hat der bergauf Fahrende Vorrang; Postautobusse genießen stets Vorfahrt. Während des Autofahrens ist nur die Benutzung von Telefonen mit Freisprechfunktion erlaubt.

Alpenpässe

Die Passstraßen über Furka, Grimsel, Croix, Großer St. Bernhard und Nufenen sind meist von Ende November bis Mitte/Ende Mai gesperrt.

Das Wallis und die Westschweiz sind voll auf Radler eingestellt – sportliche wie gemütliche

Postauto

Das Postbusnetz ist ausgesprochen gut ausgebaut. Einen Monat Gültigkeit hat das Postauto-Ferienabonnement.

Fahrrad

Das Radwegnetz wird ständig erweitert (s. S. 29). Fahrradkarten (Maßstab 1:50 000) gibt der **Verkehrs-Club der Schweiz** (VCS), Lagerstr. 18, 3360 Herzogenbuchsee, Tel. 062/956 56 56, Fax 956 56 57, heraus.

Der Führer »Bike on Tour« ist bei Wallis Tourismus (s. S. 29) erhältlich.

Schiff

Auf Genfer See und Rhone verkehren Schiffe der **Compagnie générale de navigation sur le Lac Léman,** Tel. 022/312 52 23, Fax 312 52 25.

*Sion

Kleine Stadt mit großer Geschichte

Schon von weitem sichtbar beherrschen die Festungsanlagen auf den Hügeln von Tourbillon und Valère die Altstadt von Sion (dtsch. Sitten, 508 m, 26 000 Einw.), einer der besterhaltenen mittelalterlichen Siedlungen der Schweiz mit stolzen Patrizierhäusern, sehenswerten Kirchen und kopfsteingepflasterten Gassen. Architektonisch wie klimatisch vom Süden geprägt ist das Städtchen auf dem Schuttkegel der Sionne seit Jahrhunderten bedeutender Markt- und Handelsplatz für Wein, Obst und Gemüse aus dem fruchtbaren Rhonetal und politisches, wirtschaftliches und kulturelles Zentrum des Kantons. (1 Tag)

Im mittelalterlichen Sion trifft man immer wieder auf malerische Ecken

Geschichte

Die beiden das Rhonetal beschützenden Felskuppen von Tourbillon und Valeria mögen dazu beigetragen haben, dass sich westlich der heutigen Altstadt schon zwischen dem 7. und 4. Jahrtausend v. Chr. Menschen niedergelassen haben. Als das Wallis 10–8 v. Chr. unter römische Herrschaft geriet, nannten die Römer die Siedlung *Sedunum* (*sedes* = Sitz, *dunum* = Burg). Nach dem Niedergang des Römischen Reiches kam Sion dann unter die Herrschaft der Burgunder.

Vom Unterwallis her gelangte schon früh das Christentum in die Stadt, und bereits um 585 wurde Sion Bischofssitz. 999 übertrugen die Burgunder dem Bischof das Wallis als Lehen; als nun auch weltlicher Herr machte er die Stadt zum politischen und kirchlichen Zentrum des Wallis. Um 1294 entstand auf Tourbillon die erste Bischofsburg, eine der mächtigsten Burganlagen des ganzen Kantons.

Dann jedoch folgten schwierige Zeiten: Mitte des 13. Jhs. brach die Pest über Sion herein, 1354 eroberten und zerstörten die Savoyer die Stadt. Erst 1475 gelang es den Wallisern mit Hilfe der Eidgenossen, Savoyen entscheidend zu schlagen. Zur gleichen Zeit wurden die Adligen von aufstrebenden Bürgerfamilien immer mehr aus den städtischen Ämtern verdrängt; von sich reden gemacht haben hierbei vor allem der erfolgreiche Handelsherr Georg Supersaxo und sein Schulfreund und politischer Gegenspieler Kardinal Matthäus Schiner.

1788 steckten die Franzosen die Stadt in Brand, ab 1810 gehörte das Wallis sogar zu Frankreich, ehe es 1815 als einer der letzten Kantone der Schweizerischen Eidgenossenschaft beitrat.

*Sion

Das prächtige Rathaus von Sion

Reich dekoriert wurden die Decken im Maison Supersaxo

Mit der Eröffnung des Lötschberg-Tunnels im Jahr 1913 siedelten sich – wie im ganzen Rhonetal – auch vor den Toren Sions Industriebetriebe an: Das verschlafene Städtchen wurde zu einem bedeutenden Wirtschaftszentrum, die Stadtbevölkerung hat sich nach dem Zweiten Weltkrieg innerhalb von nur zwanzig Jahren nahezu verdoppelt!

Spaziergang durch die Altstadt

»Diligit Dominus portas Sion super omnia tabernacula Jacobi« (Der Herr zieht die Pforte Sions allen Tempeln Jakobs vor). Diese Worte Davids stehen am Tor des **Hôtel de Ville** (Rathaus) ❶ und sollen an die lange, bewegte Geschichte Sions erinnern. 1657–1665 errichtet, gilt der Bau im Zentrum der verwinkelten, mittelalterlich geprägten und sanft ansteigenden Altstadt als eines der schönsten Renaissance-Rathäuser der Schweiz. Außen bestechen die asymmetrische, rote Fassade, das in barockem Stil geschnitzte Eingangstor und der Glockenturm mit der großen astronomischen Uhr (1668), die auch Wochentage, Monate und Tierkreiszeichen anzeigt. An der Mauer der Eingangshalle findet sich das älteste schriftliche, auf das Christentum verweisende Zeugnis (377 n. Chr.) der Schweiz. Im ersten Stock verbirgt sich hinter prächtig geschnitzten Türen der holzgetäfelte Ratssaal; das kantonale Parlament tagt allerdings nicht mehr hier, sondern im Casino nebenan.

Durch die Rue de Conthey gelangt man zur ***Maison Supersaxo** ❷. Der 1505 im Auftrag von Georg Supersaxo errichtete herrschaftliche Sitz der einflussreichen Walliser Dynastie gilt als eines der prächtigsten Bürgerhäuser des Landes. Über dem Treppenhaus wölbt sich eine fein ausgearbeitete Rippendecke, die reich dekorierte spätgotische Holzdecke mit monumentaler medaillenförmiger Hängekuppel im Festsaal gilt als schönste der ganzen Schweiz.

Von der Rue de Lausanne – durchs Supersaxo-Gässchen zu erreichen – lohnt sich ein Bummel über die Rue de la Porte-Neuve und die Rue des Remparts in die Viertel aus dem 19. Jh. mit etlichen Restaurants, Kaufhäusern und hübschen Boutiquen.

Zwei empfehlenswerte Adressen: **Le marché du Cheval-Blanc** (Grand Pont 23; die Straße schließt an die Rue de la Porte Neuve an) hat sich kulinarischen Düften verschrieben und bietet Teespezialitäten, feine Speiseöle und Gewürze in allen Variationen an. Ein paar Schritte weiter im **Au petit Cadeau** (Nr. 14) findet man besonders ausgefallene Geschenke und Mitbringsel aller Art.

Die weite **Place de la Planta** ❸ hätte, könnte sie reden, etliches zu erzählen: Urgeschichtliche Funde beweisen, dass hier schon in der Jungsteinzeit Menschen lebten. Im Mittelalter huldigte die Stadtbevölkerung an dieser Stelle dem neu ernannten Bischof, 1475 wurden auf dem Planta-Platz die Savoyarden vernichtend geschlagen.

Wo sich vor tausend Jahren die Römer in ihren Thermen entspannten und später mehrere Gotteshäuser standen, erhebt sich am Rande des mittelalterlichen Bezirks die Kirche ***Saint-Théodule** ❹. Der spätgotische Bau im Flamboyantstil wurde um 1500 von Ulrich Ruffiner, dem bekanntesten Walliser Baumeister jener Zeit, begonnen, aber erst im 17. Jh. vollendet. Das Nordportal verblüfft – zeigt sich doch hier der Teufel mit einer Glocke! Diese hatte der Böse, will man der Legende glauben, von Rom nach Sion gebracht. Als Preis dafür winkte ihm die Seele des heiligen Theodul, die er durch eine List von dessen Getreuen jedoch nie bekommen hat. Die Abschlusssteine des spätgotischen Rippengewölbes weisen siebzehnmal das bischöfliche Wappen, drei Schrägstreifen und ein Kreuz, auf – eine Reverenz an Kardinal Schiner, der hier, wäre er seinen Plänen gemäß Papst geworden, seine letzte Ruhe gefunden hätte.

Respekteinflößend thront die Kathedrale ***Notre-Dame-du-Glarier** ❺ über der Altstadt. Der fünfstöckige romanische, mit Blendbogen, Bogenfriesen und Zinnen besetzte Glockenturm stammt aus dem 12./13. Jh., das Kirchenschiff aus dem 15. Jh. ist spätgotisch ausgestaltet. Rechts vom Eingang erhebt sich über einem

Seite 37

❶ Hotel de Ville
❷ Maison Supersaxo
❸ Place de la Planta
❹ Saint-Théodule
❺ Notre-Dame-du-Glarier
❻ Tour des Sorciers
❼ Majorie
❽ Notre-Dame-de-Valère
❾ Tourbillon

Bischofsgrab aus dem 15. Jh. die mächtige Skulptur »Christus am Kreuz« mit Maria, Johannes, Hieronymus und Andreas. Das geschnitzte Renaissance-Chorgestühl stammt aus dem Jahr 1623, die St.-Barbara-Kapelle (1474) zeigt ein holzgeschnitztes und vergoldetes Jesse-Triptychon aus dem 16. Jh. Unter den Kostbarkeiten des wertvollen Domschatzes – die ältesten datieren aus dem 7. Jh. – finden sich hochmittelalterliche Goldschmiedearbeiten, ein karolingisches Reliquienkästchen und, als Geschenk Kaiser Karls IV., ein Schrein aus dem Jahr 1355.

Nördlich der Kathedrale präsentiert die **Rue de Savièse** etliche spätbarock-klassizistische Bauten. Sie wurden nach 1788 errichtet, als ein von den Franzosen gelegter Großbrand über zwei Drittel der Stadt vernichtet hatte. Bemerkenswert sind vor allem die Häuser **de Wolff** (Nr. 6), ein Barockbau mit Stuckwappen im Giebel, und **Barberini** (Nr. 8), dessen schöne Fassade ein Doppelportal aus Stein schmückt.

Hexen und Maulesel

An der Avenue Ritz steht die gedrungene **Tour des Sorciers** (Hexenturm) ❻, der letzte Überrest der ehemaligen Stadtbefestigung aus dem 12. Jh. Lange Zeit diente der trutzige Bau mit spitzem Dach als Gefängnis, anno 1428 sollen hier gar zweihundert Hexen und Hexer verbrannt worden sein. Die gesamte übrige Verteidigungsanlage – deren erste Vorgängerbauten aus dem 3. Jh. datieren – mussten um 1830 dem Ausbau der modernen Viertel weichen. Wenige Schritte entfernt erinnert an der Avenue St-François ein originelles Denkmal (1966) an die Maulesel und ihre seit alters her wertvollen Dienste als Transportmittel.

Die **Rue du Grand-Pont** (Große Brücke), malerische Hauptgasse der Altstadt, zieht sich mit vielen gemütlichen Straßencafés bis zum Rathaus. Sie verläuft übrigens dort, wo früher die Sionne offen durch die Stadt floss und nicht selten üble Gerüche verströmte.

Auf die Burghügel

Von der aufsteigenden Rue des Châteaux führt ein schmales Gässchen zur **Majorie** ❼, die von 1373 bis 1788 Sitz des Majors, eines bischöflichen Beamten, und der Bischöfe war. Der an eine Befestigung erinnernde Bau wurde nach einem Brand 1536 neu aufgebaut und beherbergt heute das **Musée cantonale des beaux-arts** (Kantonales Kunstmuseum) mit Bild- und Tafelwerken aus dem späten Mittelalter, Steindrucken sowie Holz- und Kupferstichen mit Sujets aus Sion und Umgebung und Werke von Raphael Ritz, dem Walliser »Meister mit dem Goldenen Pinsel« (Öffnungszeiten: Di bis So 10–12, 14–18 Uhr).

Der Majorie gegenüber birgt das **Musée cantonal d'archéologie** (Archäologisches Museum) in der ehemaligen Scheune der Fürstbischöfe menschenförmige Stelen, Dolmen, Steinkistengräber, gallo-römische Funde und eine reiche Glaswaren-Kollektion aus dem östlichen Mittelmeerraum (Öffnungszeiten: Di–So 10–12, 14–18 Uhr).

Geht man die Rue des Rue des Châteaux noch ein Stück entlang, erreicht man zwischen den beiden Burghügeln die wunderschön gelegene, romanisch-frühgotische **Chapelle de Tous-les-Saints** (Allerheiligenkapelle) aus dem Jahr 1325.

Wahrzeichen von Sion sind die Burgen Valère und Tourbillon

300 Jahre baute man an der Kirche Notre-Dame-de-Valère

Sehr malerisch ist der weitere Aufstieg zur majestätischen Kirchenburg **Valère** (611 m), einem mächtigen, verschachtelt angelegten Bollwerk aus dem 12./13. Jh. Wer früher zu den Domherren wollte, musste vier eisenbeschlagene Tore passieren und wurde schon von weitem erspäht: Die oberste Terrasse gibt den Blick übers Rhonetal frei bis nach Martigny.

In den ehemaligen Wirtschaftsgebäuden, den Wohnungen des Gesindes und im Wachthaus ist heute das **Musée cantonal de Valère** untergebracht (Öffnungszeiten: Di–So 9–12, 14–18 Uhr). Zu den Exponaten gehören neben Elfenbeinschnitzereien und Textilien aus vorchristlicher Zeit, Kunst- und Kultgegenständen aus dem 4.–11. Jh., Waffen und Uniformen der Walliser Regimenter auch Alltags-Objekte aus verschiedenen Walliser Tälern.

Südlich des Museums thront – ebenfalls innerhalb des Burgbezirks – die berühmte Kirche **Notre-Dame-de-Valère** ❽ aus dem 11.–14. Jh. Die reich ausgestattete dreischiffige Pfeilerbasilika weist sowohl romanische wie gotische Stilelemente auf, wobei der Lettner aus dem 13. Jh. das Schiff vom Chor trennt und zugleich die Grenze zwischen beiden Epochen bildet.

Ältester Teil ist das romanische Portal, die Fresken an der Apsis datieren aus der Mitte des 15. Jhs., das prachtvolle barocke Chorgestühl mit geschnitzten Szenen aus dem Leben Christi aus dem 17. Jh. Den Hochaltar zieren ein gotisches Sakramentshäuschen (1533) und eine Madonna mit dem Kinde (14. Jh.). Auffallend schön sind die alten Stoffe an der Südwand. Sie sind byzantinischer und orientalischer Herkunft, das älteste Gewebe stammt aus dem 5. oder 6. Jh. Prunkstück ist die 1390 erbaute Orgel, die wahrscheinlich älteste noch spielbare Orgel der Welt (s. S. 40).

Als etwas anstrengend, aber lohnend erweist sich der Aufstieg zu den Burgruinen von ***Tourbillon** ❾ (658 m). In der Festungsanlage aus dem 13. Jh. residierten bis zum Großbrand im Sommer 1788 die Bischöfe, das mittelalterliche Gepräge hat sie sich bis heute bewahrt.

Infos

Vorwahl: 027

Sion Tourisme,
Place de la Planta, 1950 Sion, Tel. 327 77 27, Fax 327 77 28; Öffnungszeiten: Mo–Fr 8.30–12, 14–17.30, Sa 9–12 Uhr. Mitte Juli bis Ende August jeweils Di und Do um 9.30 Uhr geführte, ca. zweistündige Stadtbesichtigungen.

*Sion

Der **Bahnhof** Sion liegt an der Rhonetalstrecke Martigny–Brig, hier fahren auch die **städtischen Busse** *(Bus sédu-nois)* ab.

Europa, Rue de l'Envol 19, Tel. 322 24 22, Fax 322 25 35. Hotel garni am Stadtrand, moderner Komfort, Garten und Bar. ○○

▍**Des Vignes,** Rue du Pont 9, Tel. 203 16 71, Fax 203 27 27. Gepflegtes Haus in einem Park in Uvrier (5 km östlich von Sion. Viel Komfort, Hallenbad, Sauna, Terrassenrestaurant. ○○

▍**Du Rhône,** Rue du Scex 10, Tel. 322 82 91, Fax 323 11 88. Ruhig gelegenes, gepflegtes und kinderfreundliches Haus unweit vom Burgbezirk. Kinder bis zum Alter von 12 Jahren logieren im Zimmer der Eltern gratis. Das Hotel ist zudem bekannt für seine gute Küche. ○

L'Enclos de Valère, Rue des Châteaux 18, Tel. 323 32 30. Idyllisches kleines Paradies am Fuß der Burghügel. Lauschiges Gärtchen mit Schatten

Die Orgel von Valeria

Wie ein Schwalbennest klebt hoch oben an der Westwand der Kirche **Notre-Dame-de-Valère** eine gotische Orgel – klein, aber weltberühmt. Ob das prachtvoll verzierte, zierliche Stück die älteste noch spielbare Orgel Europas oder gar der ganzen Welt ist, konnte bis heute nicht geklärt werden. Sicher aber ist, dass sie zwischen 1390 und 1420 gebaut wurde und nicht nur äußerst kostbar, sondern auch von großem historischen Interesse ist. So wertvoll wie die Orgel sind auch ihre 1437 von Peter Maggenberg prächtig bemalten Flügeltüren: Die Außenseiten zeigen die Verkündigung, die Innenseiten stellen links die mystische Vermählung der hl. Katharina und rechts Maria Magdalena zu Füßen Christi dar.

Lange Zeit traute sich niemand, diesem historischen Instrument ein Konzert zuzumuten. Doch als sich die Stimmen mehrten, die Orgel einmal hören zu dürfen, entschieden die Verantwortlichen 1968, dass es an der Zeit sei, wieder nach den Registern zu greifen. Es war der – ungeplante – Auftakt zum **Internationalen Festival der alten Orgel und der alten Musik,** zu dem seither jeden Sommer berühmte Interpreten aus aller Welt anreisen, um in der ehrwürdigen Kirche jahrhundertelang in Vergessenheit geratene Orgelstücke, Madrigale und Chorkonzerte erklingen zu lassen.

Die Konzerte finden jeweils am Samstag im Juli und August statt; an diesen Tagen kann die einzigartige Schwalbennestorgel auch aus der Nähe besichtigt werden. Reservation bei **Sion Tourisme** (Adresse s. S. 39).

Ansonsten versucht man sein Glück bei Maurice Wenger (Tel. 027/323 57 67). Der Gründer und Leiter des Festivals führt interessierten Besuchern das kostbare Instrument gerne vor.

spendenden Bäumen. So und Mo geschl. ○○
- **Cave de Tous Vents,** Rue des Châteaux 16, Tel. 322 46 84. In herrlichen Kellergewölben aus dem 13. Jh. genießt man in gemütlicher Atmosphäre Walliser Spezialitäten wie Raclette und Fondue, ausgezeichneter Wein. ○○
- **Brasserie du Grand-Pont,** Rue du Grand-Pont 21, Tel. 322 20 96. Im Herzen der Altstadt gibt es im Ambiente einer typischen Brasserie feine Küche und Weine der bekanntesten Walliser Winzer – auch offen. Ausgezeichnetes Preis-Leistungs-Verhältnis. So geschl. ○○
- **I Cou de Fougi,** Rue de la Porte-Neuve 7, Tel. 321 22 81. Nur wenige Schritte von der Altstadt entfernt, gemütliches Lokal mit Walliser Küche – Spezialität: Auf Schiefer gebratenes Fleisch – und gepflegtem Service, Terrassencafé unter Bäumen. ○

Tipp für Walt-Disney-Fans: Das **Cartoon** (Remparts 23) lässt das Herz jedes Comicfans höher schlagen. Klein, aber fein ist der Einfraubetrieb **Atelier Denise K.** (Place des Cèdres 5), wo die Goldschmiedin wunderschöne Kreationen in Gold, Platin und edlen Steinen anbietet.

Abends ist es in Sion ruhig – es sei denn, die Anhänger des lokalen Fußballclubs feiern in Kneipen und auf der Straße lautstark einen Sieg ihrer Mannschaft. Die **Rue du Grand-Pont** und die **Rue de Conthey** locken immer zu einer Beizentour, die Einheimischen nennen das Viertel vielversprechend *Triangle du soif* (Durstdreieck). Die Aufführungen der beliebten Kleinbühnen – **Théâtre de Valère** und **Petitthéâtre** – werden leider nur in französischer Sprache dargeboten.

Genf

Wo die große Welt zu Hause ist

Seite 46

»Wenn ich meine Perücke schüttle, bepudere ich damit die ganze Republik«, sprach Voltaire und meinte Genf. In der Tat ist die Stadt mit rund 179 000 Einw. im Vergleich zu ihrem kleinen Kantonsgebiet eine riesige Metropole. Ihre Attraktivität verdankt sie nicht zuletzt der reizvollen landschaftlichen Lage: Die gepflegten Promenaden und ausgedehnten Parks am Genfer See gewähren einen herrlichen Blick über die weite Wasserfläche bis hin zu den Savoyer Alpen mit dem majestätischen Mont-Blanc.

Luxusboutiquen, Finanzinstitute und eine von den zahlreichen hier ansässigen internationalen Organisationen ausgehende kosmopolitische Atmosphäre gehören genauso zu Genf wie stimmungsvolle Gassen, Treppen, Brunnen und historische Bauten in der stillen Altstadt. (2 Tage)

Geschichte

Die ersten Siedlungsspuren am Ausfluss der Rhone aus dem Genfer See stammen noch aus der Jungsteinzeit. Gezielt verfolgen lässt sich die wechselvolle Geschichte Genfs seit dem 2. Jh. v. Chr., als sich der keltische Stamm der Allobroger auf dem heutigen Altstadthügel niederließ. Unter den Römern ein wichtiger Handelsplatz, war Genf ab 443 Hauptstadt der Burgunder und wenig später Bischofssitz, 1033 kam es als freie Reichsstadt in die Hand der deutschen Kaiser. Während der nächsten fünf Jahrhun-

**Genf

derte blühten Handel und Wirtschaft, Kaufleute aus ganz Europa trafen sich in der lebhaften Metropole.

1536 machte der Reformator Jean Calvin (1509–1564) die mittlerweile Republik gewordene Stadt zum »protestantischen Rom«, in dem sich viele Glaubensflüchtlinge aus Italien und Frankreich niederließen; durch die Gründung einer Akademie (1599) avancierte Genf im 17. und 18. Jh. zu einem Zentrum des europäischen Geisteslebens. 1798 eroberte Napoleon die Stadtrepublik Genf. Sie blieb Hauptstadt des französischen Département Du Léman, bis sie infolge des Wiener Kongresses 1815 als einer der letzten Kantone der schweizerischen Eidgenossenschaft beitrat. 1864 begründete der Genfer Bankier Henry Dunant das Internationale Rote Kreuz, und 1919 erkor man die Stadt zum Sitz des Völkerbundes, womit Genf endgültig zur Internationalen Drehscheibe aufstieg. Der Tradition Dunants folgend, hat Jean-Jacques Gautier, ebenfalls Genfer Bankier, 1977 als Initiator der Europarat-Konvention gegen die Folter ein weiteres bedeutendes Zeichen im Einsatz für die Menschenrechte gesetzt.

Am nördlichen Seeufer

Vom nördlichen Brückenkopf des verkehrsreichen **Pont du Mont-Blanc** ❶ zieht sich, links von schmucken Häuserreihen und rechts von Alleebäumen gesäumt, der ***Quai du Mont-Blanc** ❷ die Rive droite entlang. Gegenüber dem prunkvollen Mausoleum von Herzog Karl II. von Braunschweig (Monument Brunswick) bietet eine Gartenrotunde weite Sicht auf das Seebecken. Wer die Namen der Schneeberge am Horizont wissen will, schaue auf die Panoramatafel vis-à-vis des Luxushotels Beau-Rivage; bei klarem Wetter reicht der Blick bis zum Mont-Blanc-Massiv.

Bevor der Quai Wilson beginnt, ragt die altertümliche Hafen- und Badeanlage Bains des Pâquis in den See hinein. Es lohnt sich übrigens, einen Streifzug durch das gleichnamige Quartier zu unternehmen: Das **Pâquis** wird von Menschen jeglicher Herkunft bewohnt, und so finden sich hier gemütliche Bistros, schummrige Bars, Straßencafés und Restaurants mit Spezialitäten aus aller Herren Länder.

Wo der Quai Wilson in die Avenue de France übergeht, liegt zum Seeufer hin die gepflegte Parkanlage **Mon Repos,** an welche sich nördlich der Park **La Perle du Lac** anschließt.

Hier empfiehlt sich der Besuch des ***Musée d'Histoire des Sciences** ❸ (Museum der Wissenschaftsgeschichte) in der Villa Bartholoni (Rue de Lausanne 128). Prunkstück des mit zahlreichen optischen und mechanischen Geräten bestückten Museums – alte Mikroskope, Fernrohre, Astrolabore,

Das internationale Genf

Spätestens seit dem Wirken des Reformators Calvin von internationaler Ausstrahlungskraft, fanden in Genf schon früh Verhandlungen und Konferenzen auf höchster politischer Ebene statt. So wurde 1871 im Genfer Rathaus der Streit um die Versenkung des Panzerkreuzers »Alabama« im amerikanischen Sezessionskrieg beigelegt. 1864 gründete Henry Dunant hier das Rote Kreuz, 1985 leiteten die Präsidenten der USA und UdSSR , Reagan und Gorbatschow, hier das Abkommen zur Rüstungsbeschränkung ein.

**Genf

Palais des Nations

Die Blumenuhr im Jardin Anglais

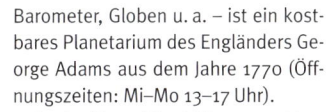

Seite 46

Barometer, Globen u. a. – ist ein kostbares Planetarium des Engländers George Adams aus dem Jahre 1770 (Öffnungszeiten: Mi–Mo 13–17 Uhr).

An der Place Albert-Thomas geht es dann in den **Botanischen Garten** hinein, der mit Steingärten Gewächshäusern, Wild- und Vogelgehegen für Erholung sorgt und mit der umfassendsten botanischen Bibliothek der Schweiz aufwartet.

Im anschließenden Parkgelände steht das riesige neoklassizistische ***Palais des Nations ❹**, europäischer Sitz der Vereinten Nationen. Sehenswert sind die von europäischen und afrikanischen Künstlern gestalteten Räume (Führungen tgl. 10–12, 14–16 Uhr, Juli/ Aug. 10–17 Uhr, Nov.–März nur Mo–Fr) und das **Musée philatélique des Nations Unies** mit Postwertzeichen rund um die Pariser Friedensverträge und die Gründung des Völkerbundes 1920 sowie Sonderausgaben der verschiedenen UNO-Organisationen. Wer selber Briefmarken sammelt oder sich dazu motivieren lassen will, profitiert von der spannen-

1920 wurde die Stadt auf Vorschlag des amerikanischen Präsidenten Wilson, seines Zeichens Calvinist, Sitz des Völkerbundes. Das pompöse Palais des Nations (Völkerbundpalast) – Werk von fünf Architekten verschiedener Nationalitäten – wurde 1936 eingeweiht und 1946 von den Vereinten Nationen übernommen. Mit zahlreichen UNO-Institutionen ist Genf nach New York zweites Zentrum der Weltorganisation. Dazu gesellten sich bis heute rund 200 weitere internationale Organisationen, etwa der Weltkirchenrat. Bei der UNO residieren Botschafter aus rund 120 Staaten – in der Hauptstadt Bern sind es nur etwa 75 –, selbst die Schweiz ist mit einer Botschaft vertreten. Insgesamt sorgen die »Internationalen« für rund 20 000 Arbeitsplätze.

Das internationale Genf ist ein veritabler Miniaturstaat: Die UNO betreibt eine eigene Postverwaltung und druckt sogar eigene Briefmarken, ihre Gebäude stehen auf exterritorialem Boden, und die Organisation und ihre Angehörigen genießen Steuer- und Zollautonomie.

**Genf

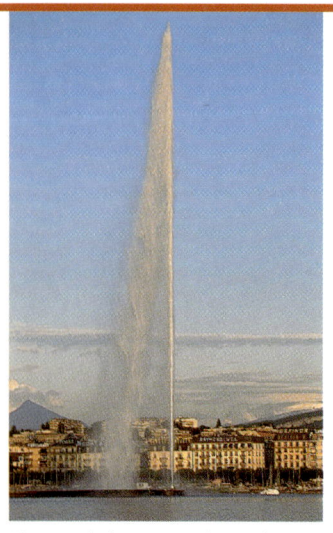

Die 140 m hohe Fontäne des Jet d'Eau ist das Wahrzeichen Genfs

erratischen Felsen Pierres du Niton diente 1820 als fester Bezugspunkt für die Landesvermessung der Schweiz.

Daneben schießt der *Jet d'Eau ❺, das Wahrzeichen Genfs, mittels einer Pumpenleistung von 1360 PS jede Sekunde 500 l Seewasser in den Himmel: Seine Fontäne ist 140 m hoch und 7 t schwer. Lohnendes Ziel dieses Uferspaziergangs sind die herrlichen alten Parkanlagen *La Grange und *Eaux-Vives ❻, berühmt für ihre Rosenanlagen und die wunderschönen Blumenbeete.

den Multivisionsshow »Apprendre en collectionnant« (Lernen durch Sammeln; Öffnungszeiten: Mo–Fr 9–12, 14–16.30 Uhr).

Am südlichen Seeufer

Welch ein Genuss, sich am südlichen Brückenkopf des Pont du Mont-Blanc im schmucken **Jardin Anglais** niederzulassen! Wenige Meter neben der großen, aus über 6000 Blumen gestalteten Sonnenuhr und dem beliebten Gartenlokal erinnert das 1869 geschaffene wuchtige Nationaldenkmal an die Aufnahme Genfs in die Eidgenossenschaft. Von der Schiffsanlegestelle aus lässt sich das lebhafte Treiben in der Bucht beobachten, mit den kleinen Wassertaxis *(mouettes)* kann man rasch von der einen zur anderen Promenade übersetzen.

Die Allee am aussichtsreichen *Quai Gustave-Ador spendet der Rive gauche wohltuenden Schatten. Einer der beiden aus dem Wasser ragenden

An der Rhone

Von der Brückenmitte des Pont des Bergues führt ein Steg auf die kleine, malerische *Ile Rousseau ❼, benannt nach dem Denkmal des gleichnamigen Genfer Philosophen und Schriftstellers. Wenige Meter flussabwärts ist der doppelt geführte Pont de l'Ile erreicht; die Tour de l'Ile, letztes Zeugnis einer Inselbefestigung aus dem Jahr 1219, diente lange Zeit als Stadtgefängnis.

Im Banken- und Geschäftszentrum an der verkehrsreiches **Place Bel Air** am linken Flussufer herrscht meist Hochbetrieb. Lebhaft geht es auch im sündhaft teuren Shopping-Mekka der Rues Basses zwischen Rue du Rhône und Rue du Marché zu.

Die Altstadt

Über die Rue du Rhône gelangt man zur belebten **Place du Molard** ❽ mit der schmucken Tour (Turm) du Molard und etlichen Cafés.

Tipp Besonders gemütlich ist das Straßencafé **Café du Centre,** Place du Molard 5, Tel. 311 85 86,

**Genf

An der Place du Bourg-de-Four

So geschl. Im Sommer genießt man bis tief in die Nacht Straßenmusik und -kunst. ○

Die Rue de la Madeleine entlang und hügelan durch die Rue de la Fontaine erreicht man die malerische ***Place du Bourg-de-Four** ❾ mitten in der Altstadt. Das ehem. römische Forum besticht mit Gebäuden aus dem 15. bis 19. Jh., einer Reihe von gemütlichen Cafés und originellen kleinen Läden.

Eine absolute Fundgrube für Musikliebhaber ist das **Divertimento** (Place du Bourg-de-Four 4), gute Beratung inklusive. Ganz in der Nähe lockt ein Bummel durch die zahlreichen Geschäfte und Boutiquen im modernen Centre Confédération (Rue de la Confédération 8).

An der Rue de l'Hôtel-de-Ville thront hinter der baumbestandenen Cour Saint-Pierre am höchsten Punkt der Altstadt die von 1160 bis 1232 erbaute und mehrfach umgestaltete ****Cathédrale de St-Pierre** ❿. Heute bildet ihr Portal ein Portikus mit sechs korinthischen Säulen (1749–1756), die Bündelpfeiler des Hauptschiffes in dem 64 m langen Bau werden von großartigen spätromanisch-frühgotischen Kapitellen gekrönt. Von der Kanzel herab predigte ab 1535 zwanzig Jahre lang wortgewaltig Jean Calvin, der die ehemalige Bischofskirche zur Hochburg der Reformation umfunktionierte; im nördlichen Seitenschiff kann man noch seinen dreieckigen Stuhl besichtigen. Die gotische Makkabäer-Kapelle mit schönen Maßwerkfenstern stammt von 1406, das ebenfalls gotische Chorgestühl ist ein Werk florentinischer Künstler.

Seite 46

Tipp Für den anstrengenden Aufstieg auf den Nordturm der Kathedrale mit seinen 153 Stufen entschädigt ein weiter Blick über Stadt und See.

An der Rue de l'Hôtel-de-Ville liegt linker Hand das im 16. Jh. in prächtigem Renaissance-Stil erbaute **Hôtel de Ville** (Rathaus) ⓫. Im romantischen Innenhof werden im Sommer Konzerte aufgeführt. Die kopfsteingepflasterte Rampe des Turms diente den Ratsherren einst dazu, sich hoch zu Ross zu den oberen Stockwerken zu begeben.

In dem nostalgischen **Café de l'Hôtel de Ville** scheint die Zeit stehen geblieben zu sein.

In der engen Rue du Puits-Saint-Pierre (Nr. 6) steht das älteste Wohnhaus Genfs: Die **Maison Tavel** ⓬ wurde erstmals 1303 erwähnt. Hinter ihrer gotischen Fassade ist im **Musée du Vieux Genève** (Museum des alten Genfs) u. a. ein Relief der Stadt aus dem Jahre 1850 zu besichtigen (Öffnungszeiten: Di–So 10–17 Uhr).

**Genf

Seite 46

Nun bietet sich eine Entdeckungsreise in die stillen Altstadtgassen rund um die Grand'Rue an, wo sich in den einstigen Herrenhäusern aus dem 15. bis 18. Jh. nostalgische Antiquitätenläden, Bistros und kleine Galerien niedergelassen haben.

Auf der **Promenade de la Treille** ⓯ trafen sich während der Franzosenherrschaft jeden Frühling die Anhänger der politischen Unabhängigkeit zu konspirativen Zusammenkünften – unter dem Vorwand, das erste Kastanienblatt und damit den Lenz willkommen zu heißen. Noch heute beobachtet ein Ratsweibel die Allee, um offiziell, kaum hat sich das erste Blättchen hervorgewagt, den Einzug des Frühlings zu melden. Auf der 126 m langen Sitzbank lässt es sich herrlich rasten und die Aussicht auf den Genfer Hausberg Salève genießen.

Die verkehrsreiche **Place Neuve** ⓮ wird vom Reiterdenkmal zu Ehren Henri Dufours beherrscht, der sich im letzten Bürgerkrieg des Landes 1845 als eidgenössischer Friedensstifter verdient gemacht hat. Am Platz grüßen das 1872–1879 nach dem Vorbild der Pariser Oper erbaute **Grand Théâtre,** das renommierte **Musée Rath** mit Wechselausstellungen moderner Künstler (Öffnungszeiten: Di bis So 10–17, Mi 12–21 Uhr) und das **Musikkonservatorium.** Etwas nach hinten versetzt liegt an der Rue

❶ Pont du Mont-Blanc
❷ Quai du Mont-Blanc
❸ Musée d'Histoire des Sciences
❹ Palais des Nations
❺ Jet d'Eau
❻ Parc des Eaux-Vives
❼ Ile Rousseau
❽ Place du Molard
❾ Place du Bourg-de-Four
❿ Cathédrale de St-Pierre
⓫ Hôtel de Ville
⓬ Maison Tavel
⓭ Promenade de la Treille
⓮ Place Neuve
⓯ Monument de la Réformation
⓰ Musée d'Art et d'Histoire
⓱ Musée d'Histoire Naturelle
⓲ Musée d'Ethnographie

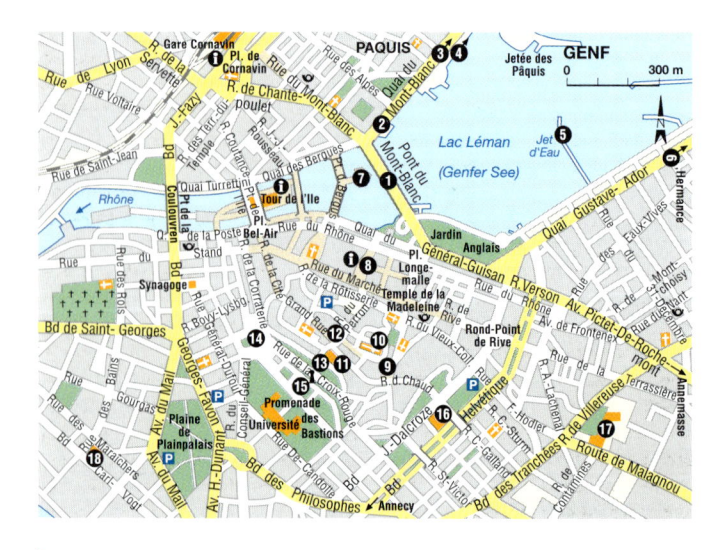

Genéral-Dufour Genfs Tempel der klassischen Musik, die **Victoria Hall.**

In der Parkanlage an der Promenade des Bastions steht das 1909 bis 1917 geschaffene berühmte ***Monument de la Réformation** (Reformationsdenkmal) ⓯. Von der schmucklosen, rund 100 m langen Mauer blicken die Genfer Reformatoren Jean Calvin, Wilhelm Farel, Theodor de Bèze und John Knox streng herab; Reliefs veranschaulichen die Geschichte der Reformation.

Kunst und Kultur

An der 1599 von Calvin gegründeten und 1868–1872 maßgeblich erweiterten **Université** vorbei, erreicht man über die Rue du Beauregard das ***Musée d'Art et d'Histoire** (Kunst- und Geschichtsmuseum) ⓰ an der Rue Charles-Galland 2. Reichhaltig präsentieren sich die kunst- und kulturhistorischen Sammlungen. Großartig sind die Objekte zur ägyptischen, mesopotamischen, griechischen und römischen Kultur, die Silbergegenstände aus Byzanz und die koptischen Textilien, die spätgotischen Glasfenster und Fresken – und das berühmte Altarbild »Wunderbarer Fischzug« von 1444: Konrad Witz hat die erste geografisch bestimmbare Landschaft der Kunstgeschichte am Genfer See angesiedelt (Öffnungszeiten: Di–So 10–17 Uhr).

Die faszinierende Welt des modernen **Musée d'Histoire Naturelle** (Museum für Naturwissenschaft) ⓱ an der Route de Malagnou 1 begeistert große wie kleine Besucher. Dioramen zeigen Tiere in Wald und Feld, aber auch im Urwald oder in der Wüste, ausgestopfte Hirsche röhren, Wildschweine grunzen. Ganz besondere Ausstellungsstücke sind die riesigen, 300 Mio. Jahre alten Ammoniten, ein nachgebildeter Saurier und die Darstellung des Sonnensystems in Raumgröße (Öffnungszeiten: Di–So 9.30–17 Uhr).

Nordwestlich des Museums an der Ecke Rue Adrien-Lachenal/Rue Saint-Laurent besticht der 1930–1932 errichtete Wohnblock **Immeuble Clarté** des berühmten Schweizer Architekten Le Corbusier mit seinen gläsernen Fassaden (s. S. 20).

Seite 46

Zur Arve

Der Boulevard des Philosophes führt an den Rond Point de Plainpalais, wo sich zu den Passanten verblüffend echt wirkende aus Bronze gesellen.

Durch die großzügig angelegte Grünanlage Plaine de Plainpalais führt der Weg zum ***Musée d'Ethnographie** ⓲ am Boulevard Carl-Vogt 65 mit zwei hoch aufragenden Totempfählen nord-amerikanischer Indianer vor dem Eingang. Die reichhaltige Sammlung zeigt Alltagsgerät und Kunsthandwerk, Kleidung, Schmuck und Waffen sowie spirituelle Objekte von Völkern aller fünf Kontinente und vermittelt insbesondere einen Einblick in die Lebensformen früherer Zeiten. Exotische Musikinstrumente werden hier nicht nur systematisch gesammelt, sondern sind mittels Tonträger auch zu hören und werden manchmal gar bei Konzerten eingesetzt. Die europäische Abteilung birgt über 6000 Gebrauchsgegenstände der letzten drei Jahrhunderte aus dem Rhonetal (Öffnungszeiten: Di–So 10–17 Uhr).

Wenige Schritte entfernt plätschert die Arve, die weiter nördlich in die Rhone mündet. Wer Muße hat, schlendert über den Quai Ernest-Ansermet den Fluss entlang bis zur Rue des Deux-Ponts, dann weiter Richtung Norden zur Rhone. Ein romatischer Fußweg führt zu jener Stelle, wo die

**Genf

Eine andere Perspektive auf die Uferorte am Genfer See eröffnet sich vom Schiff aus

ruhige Rhone die wilde, von Schlamm und Geschiebe dunkel gefärbte Arve aufnimmt.

Infos

Vorwahl: 022

Genève Tourisme, Rue du Mont-Blanc 18, 1201 Genf, Tel. 909 70 00, Fax 909 70 11; Öffnungszeiten: Mo–Sa 9–18 Uhr, Mitte Juni–Ende Aug. auch So. Internet: www.geneve-tourisme.ch. E-Mail:info@geneve-tourisme.ch. Mitte Juni bis Anfang Oktober werden Mo–Sa thematische Stadtspaziergänge (ca. 2 Std.) angeboten. Zudem ist gegen eine Kaution von 50 CHF ein akustischer Rundgang durch die Altstadt mit Kassette, Kassettengerät und Stadtplan erhältlich.

Flughafen: Genf-Cointrin, 4 km, Zugverbindung zur Gare Cornavin.
Bahnhof: Gare Cornavin: Internationaler Bahnknotenpunkt. Anschlüsse nach Chamonix, Annecy, Evian etc. von der Gare des Eaux-Vives.
Stadtverkehr: Genf erschließt ein dichtes Netz von Bussen und Trambahnen (TPG), Informationszentrale Tel. 308 34 34. Netzpläne kostenlos am TPG-Schalter im Bahnhof Cornavin und bei Genève Tourisme.
Schiffsverkehr: Von April bis Ende Oktober werden Rundfahrten auf dem Genfer See und der Rhone angeboten, Auskünfte bei der **Compagnie Générale de Navigation,** Jardin Anglais, Tel. 312 52 23, Fax 312 52 25.

Angleterre, Quai du Mont-Blanc 17, Tel. 906 55 55, Fax 906 55 56. Traditionsreiches Haus von 1872 mit spektakulärer Sicht auf Bucht, Jet d'Eau und Savoyer Alpen. Top-class-Hotel. ❍❍❍
▪ **Mon Repos,** Rue de Lausanne 131, Tel. 909 39 09, Fax 909 39 93. Komfortables, elegantes Hotel an der Rive droite mit Blick auf Park und See; schönes Terrassenrestaurant. ❍❍
▪ **Des Tourelles,** Boulevard James Fazy 2, Tel. 732 44 23, Fax 732 76 20. Gemütliche Zimmer, einige mit Kamin, Rhone-Blick, Nähe Bahnhof. ❍❍
▪ **Luserna,** Avenue de Luserna 12, Tel. 345 46 76, Fax 344 49 36. In einem Park mit uralten Bäumen zwischen Bahnhof und Flughafen. Konkurrenzloses Preis-Leistungs-Verhältnis, auch Zimmer für 3–4 Personen. ❍

Parc des Eaux-Vives, Quai Gustave-Ador 82, Tel. 735 41 40. Das Nobelrestaurant im Parc des Eaux-Vives ist in einem klassischem Landhaus aus dem 18. Jh. untergebracht und bietet einen großartigen Panoramablick über die Stadt. So, Mo geschl. ❍❍❍

Lipp, Rue de la Confédération 8, Tel. 311 10 11. Bistro-Lokal mitten in einem Einkaufszentrum, so beliebt wie sein berühmtes Vorbild, die Brasserie Lipp in Paris. Abwechslungsreiche Küche und Treffpunkt der Prominenz aus Kultur und Politik. ❍❍

Les Armures, Puits-St-Pierre 1, Tel. 310 34 42. Stimmungsvolles, typisches Genfer Ambiente mit einem kräftigen Hauch Mittelalter auf drei Stockwerken – darunter ein Rittersaal aus dem 17. Jh.! Traditionelle Schweizer Küche. ❍❍

In der Buchhandlung **Galerie Letu** (Rue Calvin 2) findet man viele Raritäten, vor allem großartige Bildbände. Die **Librairie du Voyageur** (Rue de Rive 10) gilt als beste Schweizer Adresse für Reiseführer, Karten u.ä. Plakate aller Art führt, allerdings nicht ganz billig, die **Galerie Un-Deux-Trois** (Rue des Eaux-Vives 4).

Märkte: An der Place de la Madeleine findet Mo–Sa ein **Kunsthandwerksmarkt** statt. Mittwochs und samstags lohnt sich ein Bummel zum Plainpalais, wo der nostalgische **Antiquitäten-, Kunsthandwerk- und Flohmarkt** durch Kleinkunstdarbietungen aufgelockert wird. Jeden Donnerstag ist die Place de la Fusterie fest in der Hand von **Kunstverkäufern,** am Freitag wird aus dem Platz ein ausgedehnter **Büchermarkt.**

Abends herrscht in Genf High-Life. Wer's traditionell mag, besucht im **Grand Théâtre** eine Oper oder ein Schauspiel oder genießt ein klassisches Konzert in der **Victoria Hall.** Einen intimeren Rahmen bieten die Kleinbühnen **Comédie, Nouveau Théâtre de Poche** oder **Caveau.** Kartenreservierung: Ticket Corner in La Placette, Rue de Cornavin 6, Tel. 909 46 19, (www.ticketcorner.ch). Einer der Favoriten unter den Diskotheken ist die **Coupole** an der Rue du Rhône 116, von den Night-Clubs lehnt sich **Le Moulin Rouge** an seine Pariser Vorbilder an. Liebhaber von Roulette und anderen Glücksspielen versuchen Fortuna im **Casino** am Quai du Mont-Blanc 19 (im Hotel Noga-Hilton).

Seite 46

Ausflüge

Bereits auf französischem Boden grüßt südöstlich der Stadt der schroffe ***Mont Salève** (1375 m), Hauptwanderziel der Genfer mit großartiger Aussicht über Stadt und See, Jurakette und Mont-Blanc-Massiv, aber auch mit einem Panoramarestaurant. Zu erreichen ist der Genfer Hausberg über eine reizvolle Kammstraße oder per Seilbahn ab Veyrier.

Ein botanischer Lehrpfad führt den Grat entlang durch kleine Waldungen und die üppige Vegetation von mehr als 800 Pflanzenarten – darunter Orchideen, Flaumeichen, Heidelbeersträucher und Mispeln.

Am östlichen Seeufer ruht das idyllische Städtchen ***Hermance.** In dieser ehemaligen, im 13. Jh. gegründeten Hochburg der Fischer und Handwerker haben sich zahlreiche Künstler und Galeristen niedergelassen. Die geschmackvoll renovierten Häuser im mittelalterlichen Ortskern prunken mit schmucken Wellbogenfenstern, der das Städtchen beherrschende stolze Rundturm stammt aus dem 14. Jh.

Tour 1

An den Gestaden des **Genfer Sees

**Genf → *Nyon → **Lausanne → *Vevey → *Montreux → Villeneuve (103 km)

Wie ihr wohlbekanntes mediterranes Vorbild nach Süden ausgerichtet und vor rauen Winden geschützt, bietet die »Schweizer Riviera« zwischen Genf und dem östlichen Ende des Genfer Sees unvergessliche Ausblicke über das glitzernde Wasser auf die schneebedeckten Gipfel der Savoyer Alpen. Am Ufer dösen Fischerdörfchen vor sich hin, auf halber Höhe grüßen Winzerorte. Von einmaliger Schönheit ist die Riviera im Herbst, wenn unter dem tiefblauen Himmel rotgolden das Rebenlaub glüht. (2–3 Tage)

Petit Lac

Der **Genfer See (Lac Léman) verläuft in einem Bogen von den Jurahängen im Westen bis zu den Walliser Bergen im Osten; mit 72 km Länge und 13 km Breite ist er größer als der Bodensee. Bis zu 300 m tief, erreicht das Wasser im Sommer Temperaturen von bis zu 20 °C. Am Ufer des **Petit Lac** (Kleiner See), wie der schmale Seezipfel zwischen Genf und Nyon genannt wird, erreicht man **Versoix**. Dieser letzte Genfer Ort vor der Grenze zum Kanton Waadt gilt als sehr wohlhabend, oberhalb der malerischen Seepromenade haben sich zahlreiche Prominente – darunter der dritte Aga Khan – prächtige Villen errichtet.

Hauptanziehungspunkt im mittelalterlichen **Coppet** mit seinen engen Gässchen, lauschigen Höfen und Arkadenbauten ist das weltbekannte Schloss aus dem 16. Jh. 1784 erwarb Jacques Necker, der aus Genf stammende Finanzminister des französischen Königs Ludwig XVI., die Residenz, die später unter seiner Tochter Germaine, genannt Madame de Staël, zum Treffpunkt europäischer Geistesgrößen aus Kunst, Literatur und Politik avancierte. Beim Rundgang durch die eleganten Innenräume im Stil Ludwigs XVI. und des Empire werden die glanzvollen Zeiten noch einmal lebendig (Öffnungszeiten: tgl., Ostern–Juni sowie Sept./Okt. 14–18, Juli/Aug. 10 bis 12, 14–18 Uhr).

*Nyon

Seit jeher war Nyon wichtiger Durchgangsort auf dem Weg zwischen dem Schweizer Mittelland und Burgund. An der Stelle des keltischen Noviodunum gründeten die Römer um 58 v. Chr. auf dem Hügel der Altstadt von Nyon ihre Garnison Colonia Julia Equestris; diese erste römische Stadt in der Westschweiz diente als Poststation für alle damals bedeutenden Siedlungen Helvetiens. Wertvolle Funde aus dieser Zeit wie Skulpturen, Amphoren und Mosaiken werden in dem in den Ruinen einer römischen Basilika eingerichteten **Römermuseum** aufbewahrt (Öffnungszeiten: April–Okt. Di bis So 10–12, 14–18 Uhr, Nov.–März Di–So 14–18 Uhr).

Beherrscht wird das schmucke Städtchen von seinem mächtigen Schloss (12.–16. Jh.), einer der imposantesten Burgen der Waadt. Es beherbergt heute ein **Historisches Museum**, u. a. mit einer repräsentativen Sammlung von Nyoner Porzellan (we-

Genf → *Nyon → **Lausanne → *Montreux → Villeneuve   **Tour 1

Im Schloss von Nyon wird die Geschichte des Ortes nacherzählt

gen Renovierung ist es leider bis ca. 2004 geschlossen).

An der malerischen Place du Marché (Marktplatz) gönne man sich eine Ruhepause, bevor man das **Musée du Léman** am Quai Bonnard besucht: Es präsentiert u. a. eine kulturgeschichtliche Schau zur Entstehung des Sees, Modelle alter Fischerboote sowie in drei Aquarien einheimische Fische (Öffnungszeiten: April–Okt. Di–So 10 bis 12, 14–18 Uhr, Nov.–März Di–So 14–18 Uhr).

Tipp Ein lohnender Abstecher für kunsthistorisch Interessierte führt über Chéserex nach **Bonmont** (9 km) zur ehemaligen Abteikirche aus dem 12. Jh., einem schönen Beispiel früher Zisterzienser-Architektur am Übergang von der Romanik zur Gotik.

In Richtung Lausanne thront außerhalb von Nyon auf einer Anhöhe **Schloss Prangins** aus dem Jahr 1748. Der mächtige Bau bietet eine prachtvolle Aussicht auf den Genfer See und ist seit 1998 die Filiale des Schweizer Landesmuseums Zürich mit einer Ausstellung zur Geschichte und Kultur der Schweiz seit dem 18. Jh. (Öffnungszeiten: Di–So 10–17 Uhr).

Office du Tourisme, Av. Viollier 7, 1260 Nyon, Tel. 022/361 62 61, Fax 361 53 96.

Beau-Rivage, Rue de Rive 49, Tel. 022/365 41 41, Fax 365 41 65. Historisches Gebäude am See, ruhig. Garten, Bar und herrliche Sicht zum Mont-Blanc. ○○
Hostellerie XVI Siècle, Place du Marché, Tel. 022/361 24 41, Fax 362 85 66. Im Herzen der Altstadt gelegenes Haus aus dem 16. Jh., vollständig renoviert. Restaurant mit Natursteinmauern und riesigem Kamin, Spezialität: frisches Hähnchen am Spieß. ○

Maître Jacques, Ruelle des Moulins 2, Tel. 022/361 28 34. Phantasievolle, köstliche Gerichte, Fisch- und Meeresfrüchtespezialitäten, originelle Innenausstattung (Ritterrüstungen), hübsche Terrasse. Mo geschl. ○○

Tipp Nicht versäumen sollte man das **Paléo Festival** für Musik, Theater und Pantomime im Juli (www.paleo.ch).

Ins Land der Weinberge

Nach Nyon wird der See breiter und heißt jetzt **Grand Lac** (Großer See). Die Aussichtsstraße, die in Nyon von der Uferstraße abbiegt und oberhalb der Autobahn mit See- und Fernblick nach Morges verläuft, führt ins Winzerdorf **Luins,** wo die ausgedehnten Weinberge der Côte beginnen.

Tipp Der **Côte** gilt als einer der besten Schweizer Weißweine. Probieren kann man ihn z. B. im Weinkeller in Luins-Vinzel (Öffnungszeiten: Fr/Sa/Fei 17–21.30 Uhr, So 10.30 bis 12.30 und 16.30–21 Uhr, Tel. 021/ 824 20 84).

Ein herrlicher Ausblick eröffnet sich nach dem behäbigen Weinbauernort **Bursins** über das gesamte Nordufer des Genfer Sees bis hin zu den Rochers de Naye (s. S. 60) oberhalb von Montreux. Unterwegs laden Weingüter zu einer Kostprobe ein, so im schmucken Winzerort **Mont-sur-Rolle** (476 m) der Caveau des Vignerons (Öffnungszeiten: Fr, Sa 17–21.30 Uhr, So 11–12.30, 17–21.30 Uhr, Tel. 021/ 825 23 50).

*Aubonne und *Vufflens-le-Château

In *Aubonne (504 m) lohnt sich ein Bummel durch die charmante Altstadt mit ihren steilen Straßen und malerischen Gassen, den schönen Patrizierhäusern aus dem 17. und 18. Jh. und den plätschernden Brunnen. Die spätgotische Kirche birgt ein wunderschönes Chorgestühl aus dem 14. Jh.; das 1680 errichtete Schloss besitzt einen wuchtigem Rundturm, dessen ungewöhnliches Kuppeldach an ein Minarett erinnert. Der Arkadenhof im Palast gilt als schönster barocker Innenhof der ganzen Waadt. Unweit von Aubonne liegt das naturwissenschaftlich bedeutende Arboretum mit zahlreichen exotischen Bäumen.

Über Lavigny und Bussy erreicht man **Vufflens-le-Château** (471 m), auf einer Terrasse über der Morges gelegen. Das imposante *Schloss wurde zwischen 1395 und 1430 von einem savoyischen Edelmann in Piemonteser Bauweise errichtet. Die mächtige Anlage mit imposantem Bergfried, zahlreichen Türmen und Zinnen gilt als Meisterwerk militärischer Backstein-Architektur.

Morges

Wieder auf Uferhöhe, trifft man an der breitesten Stelle des Sees (13 km bis zum französischen Ufer) auf Morges (381 m, 14 000 Einw.). Der älteste Hafen des Lac Léman, 1691–1696 angelegt und befestigt, diente lange Zeit als bedeutender Warenumschlagplatz; noch heute laufen hier kleine und große Boote ein und aus.

Bereits 1286 wurde im Zuge der Stadtgründung das mit vier runden Ecktürmen bewehrte **Schloss** errichtet. Es diente Ludwig I. von Savoyen als Stützpunkt gegen den Bischof von Lausanne, mit welchem er sich um Herrschaftsgebiete stritt. Nach 1536 residierten hier die Berner Landvögte, heute ist darin ein **Militärmuseum** mit einer hervorragenden Sammlung zum schweizerischen Armeewesen, vor allem über das Söldnerwesen der Schweizer in Frankreich und Neapel, untergebracht (Öffnungszeiten: Di–Fr 10–12, 13.30–17 Uhr, Sa/So 13.30 bis 17 Uhr, Juli/Aug. Di–So 10–17 Uhr.)

Die reformierte **Pfarrkirche,** 1769 bis 1771 im barocken Stil errichtet und später stark mit klassizistischen Elementen durchsetzt, ist der größte und, nach der Heiliggeistkirche in Bern, bedeutendste Sakralbau des schweizerischen Protestantismus im 18. Jh.

Mit der **Grand Rue,** seit jeher wichtigste Straße des Städtchens, erstreckt sich die Altstadt zwischen Schloss und reformierter Kirche parallel zum See. Die stolzen Reihenhäuser mit teils herrschaftlichen Innenhöfen stammen hauptsächlich aus dem 18.

**Genf → *Nyon → **Lausanne → *Montreux → Villeneuve   Tour 1

Das mächtige Schloss von Morges

Lausanne – vom Turm der Kathedrale

und 19. Jh. Im spätgotischen **Haus Blanchenay** (16. Jh.) erinnert ein kleines Museum an den einheimischen Kupferstecher Alexis Forel (Öffnungszeiten: Di–So 14–17.30 Uhr).

Office du Tourisme,
Rue du Château, 1110 Morges, Tel. 021/801 32 33, Fax 801 31 30; www.morges.ch

Mont-Blanc au Lac,
Quai du Mont-Blanc 1, Tel. 021/ 804 87 87, Fax 801 51 22. An der Seepromenade gelegen, alle Zimmer mit Seeblick. Zwei Restaurants, Seeterrasse mit Blick auf Jachthafen und Alpenkette. ○○

De Savoie, Grand-Rue 7,
Tel. 021/801 21 55,
Fax 801 03 29. Nur 50 m vom See entfernt; kreative, vielseitige Saisonküche, Weine aus der Region So geschl. In dem kleinen, kinderfreundlichen Haus in der verkehrsfreien Altstadtgasse kann man auch übernachten. ○○

**Lausanne

Die Hauptstadt des Kantons Waadt (franz. Vaud) mit 114 000 Einwohnern ist die fünftgrößte Stadt der Schweiz. Wer sie entdecken will, braucht allerdings eine gewisse Kondition: Zwar führen imposante Hochbrücken über die Stadtschluchten, ihren ganzen Charme aber gibt die sich über drei Hügel und bis hinunter ans Ufer des Genfer Sees erstreckende Stadt nur dem preis, der einen Rundgang zu Fuß mit den damit verbundenen Auf- und Abstiegen nicht scheut.

Geschichte

Lausanne ist eine der ältesten Siedlungen der Schweiz, das Seeufer war schon rund 6000 v. Chr. bewohnt. Als Vicus Lousanna spielte der Ort bei den Römern eine wichtige Rolle. Um 590 zog der Waadtländer Bischof in der Cité ein. Sozusagen zu seinen Füßen entwickelte sich die Stadt, die wie Genf 1033 ans Deutsche Reich fiel und im 15. Jh. zur freien Reichsstadt ernannt wurde. 1536 trat die große Wende ein: Um das Land den Savoyern und dem Bischof vom Lausanne zu entreißen, eroberte Bern die Waadt und führte wenig später die Reformation ein. 1803 tritt die Waadt der Schweizerischen Eidgenossenschaft bei, Lausanne wird Hauptstadt des Kantons und 1848 Sitz des Bundesgerichtes, des obersten Schweizer Gerichtshofes. Heute ist Lausanne wirtschaftliches Zentrum der Westschweiz und stolz darauf, das Internationale Olympische Komitee, die größte Handels- und Warenmesse des Landes, die Comptoir Suisse, und – zusammen mit Zürich – die Eidgenössische Technische Hochschule zu beherbergen.

**Cathédrale Notre-Dame

Das bedeutendste frühgotische Bauwerk der Schweiz wurde 1275 in Gegenwart König Rudolfs von Habsburg von Papst Gregor X. geweiht und gilt als einziges Gotteshaus des Landes, welches dem Vergleich mit den großen Kathedralen Europas standhält. An der *Apostelpforte (Südportal) begrüßen Skulpturen von Jesaja, David, Jeremias, Matthäus, Lukas, Markus, Petrus, Paulus und Johannes aus dem 13. Jh. den Besucher, am **Montfalcon-Portal** stehen gotische Statuen, Fresken (1505) stellen das Leben Marias dar.

Im stilistisch einheitlichen und dadurch sehr harmonischem Inneren tragen 20 Säulen das 19 m hohe Gewölbe. Der **Chor** präsentiert sich im burgundisch-romanischen Stil, das Chorgestühl im rechten Seitenschiff wurde um 1260 geschnitzt; links im Chor ruht der 1328 gefallene Graf Otto von Grandson. Berühmt ist das prächtige *Rosenfenster (um 1240) am südlichen Querschiff, dessen Glasmalereien das Weltall zeigen.

Vom **Turm** der Kathedrale ruft noch heute ein Wächter von 22 Uhr bis 2 Uhr früh die Stunden aus.

Rund um die Kathedrale

Im ausgehenden 14. Jh. aus Sand- und Backstein errichtet, war das **Schloss** nördlich der Kathedrale zuerst Residenz der Bischöfe von Lausanne und ab 1536 Sitz der Berner Landvögte. Heute tagt hier das waadtländische Kantonsparlament. Oberhalb des Schlosses führt ein fünfzehnminütiger

In Lausanne ist Treppensteigen angesagt – hier zur Kathedrale

Spaziergang zum *Le Signal (643 m): Genfer See, Savoyer und Waadtländer Alpen präsentieren sich hier wie auch vom Restaurant noch großartiger als von der Stadt aus.

In der Altstadt heißt es Treppen steigen: Unterhalb der Kathedrale führen die hölzernen **Escaliers du marché** (Markttreppen) durch die Cité-Dessous zur malerischen Place Palud mit dem **Rathaus** aus dem 17. Jh., dessen Renaissancefassade ein Glockenturm überragt. Buntes Markttreiben herrscht jeden Mittwoch und Samstag Vormittag, wenn rund um die malerische Place Gemüse, Obst, Blumen, Brot und Käse angeboten werden.

Das mächtige, der italienischen Renaissance nachempfundene **Palais de Rumine** (1898–1904) an der Place de la Riponne beherbergt drei Museen sowie die Kantons- und Universitätsbibliothek: Im **Musée cantonal des Beaux-Arts** (Kunstmuseum) sieht man vor allem schweizerische, insbeson-

**Genf → *Nyon → **Lausanne → *Montreux → Villeneuve   Tour 1

Kunst von Außenseitern zeigt das Musée de l'Art brut

Südliche Altstadt

Der 180 m lange **Grand Pont** (Große Brücke) führt über das heute bebaute Tal der Flon zur verkehrsreichen Place St-François, östlich davon gelangt man durch die Avenue Benjamin-Constant zum hübschen **Parc Mon Repos** mit dem Palais de Mon-Repos, einem stolzen Herrenhaus von 1817, und dem mächtigen Gebäude des Tribunal Federal (Bundesgericht), dem Obersten Schweizer Gerichtshof.

Die steil abfallende Rue du Petit-Chêne weist den Weg zum Bahnhof. Rund 300 m westlich davon bietet im Casino Montbenon die **Cinémathèque Suisse** (Schweizer Filmarchiv) einen Überblick über den modernen Film und die Geschichte des Kinos.

Am Seeufer

Leicht abwärts geht es durch die Avenue William Fraisse zum kleinen, aber feinen **Parc de Montriond** mit botanischem Garten und prächtiger Aussicht auf Genfer See und Savoyer Alpen und schließlich ans Seeufer nach **Ouchy**, früher ein Fischerdorf, heute das Touristenviertel von Lausanne. Die Uferpromenade mit gepflegten Parkanlagen und einem der bedeutendsten Genfer Seehäfen ist über 1 km lang und pulsierendes Herzstück der Stadt: Hier wird flaniert, geskatet – Lausanne gilt als das Skater-Mekka –, auf den Terrassen Kaffee getrunken, etwa im

Place Palud – Mittelpunkt der Lausanner Altstadt

dere waadtländische Malerei und Plastik des 18. bis 20. Jhs., darunter von René Auberjonois, Félix Vallotton und Ferdinand Hodler, aber auch etliche Werke französischer Meister des 19./ 20. Jhs. (Öffnungszeiten: Di/Mi 11–18, Do 11–20, Fr–So 11–17 Uhr.)

Die Archäologisch-historische Sammlung zeigt Funde aus dem Kantonsgebiet – berühmt ist die Goldbüste Kaiser Mark Aurels – und ein Medaillenkabinett. Das **Musée cantonal d'Histoire naturelle** (Naturhistorisches Museum) wartet mit geologischen, paläontologischen und mineralogischen Sammlungen und einer bedeutenden zoologischen Abteilung auf (Öffnungszeiten: beide Museen tgl. 10 bis 12, 14–17 Uhr).

Tipp Die einzigartige Sammlung des ***Musée de l'Art brut** zeigt rund 5000 Werke gesellschaftlicher Außenseiter (Avenue des Bergières 11, Öffnungszeiten: Di–So 11–13, 14–18 Uhr).

Tour 1 An den Gestaden des **Genfer Sees

Ouchy – das Herz von Lausanne

Hôtel Beau-Rivage aus dem Jahr 1861, dem schönsten Grandhotel der Genfer Riviera.

Am Quai hat auch das **Musée Olympique** sein Domizil, hier erfährt man alles über die Spiele von der Antike bis heute (Öffnungszeiten: Mai bis Sept. tgl. 9–18 Uhr, Okt.–April Di–So 10–18 Uhr, Do ganzjährig bis 21 Uhr).

Westlich des Hafens führt ein gemütlicher Spaziergang in den weitläufigen **Parc de Vidy** mit herrlichen alten Bäumen. Im **Musée Romain** wandelt man auf den Spuren der ehemaligen Hafenstadt Lousanna (Öffnungszeiten: Di–So 11–18 Uhr), und im **Schloss Vidy** hat sich das Internationale Olympische Komitee niedergelassen.

Infos

Vorwahl: 021

Lausanne Tourisme & Bureau des Congrès, Avenue de Rhodanie 2, 1006 Lausanne, Tel. 613 73 73, Fax 616 86 47.

Bahnhof: Gare de Lausanne: Anschlüsse nach Genf, Montreux, Zürich und Basel.
Hauptbushaltestellen: Bahnhof und Place St-François.

Zahnradbahn Ouchy – Bahnhof – Stadtzentrum.
Schiffsverbindungen: zu allen Häfen am Genfer See.

Au Lac, Place de la Navigation 4, Tel. 617 14 51, Fax 617 11 30. Historisches Gebäude am See, nahe der Talstation der Standseilbahn. Gemütliches und originelles Restaurant »Le Pirate« mit Fischspezialitäten, schöne Gartenterrasse und Blick über das Wasser. ◐◯
▎**De l'Ours,** Rue du Bugnon 2, Tel. 320 49 71, Fax 320 49 73. Kleines gemütliches Haus, komfortable Zimmer, gutes Preis-Leistungs-Verhältnis. ◐◯
▎**Du Marché,** Pré-du-marché 42, Tel. 647 99 00, Fax 646 47 23. Kleines, angenehmes Hotel, zentral und doch ruhig gelegen. ◯

Du Port, Place du Port 5, Tel. 616 49 30. Mit Seeterrasse, nahe der Talstation der Standseilbahn; reichhaltige Speisekarte, beliebter Treffpunkt der Lausanner; frisch renoviert. Di geschl. ◐◯
▎**Le Pirate,** Place de la Navigation 4, Tel. 617 14 51. Gleich beim Hafen in Ouchy, gute Adresse für Fisch und Muscheln, schöne Terrasse. ◐◯
▎**Hôtel de Ville,** Place de la Palud 10, Tel. 312 10 12. Gemütliche Atmosphäre am malerischen Marktplatz; vielseitige Küche mit allerlei Spezialitäten. So/ Mo geschl. ◐◯

In Lausanne kommen vor allem die Liebhaber schönen Wohnens auf ihre Kosten: **Objets et Lumière,** Place du Tunnel 4, bietet modernes Design feil, vor allem Lampen und Eigenkreationen der Besitzer. In der Boutique **Drôles de Zèbres,** Rue du Simplon 1, kombinieren zwei Designer alte Möbel mit modernen

Genf → *Nyon → **Lausanne → *Montreux → Villeneuve **Tour 1

Objekten. Die Boutique **Cardas,** Route de Bourg 10, hat sich Asien verschrieben: Hier gibt es Seide in allen Variationen und zu jedem Zweck. Wunderschönen selbst entworfenen Schmuck findet man in der **Five o'Clock Galerie,** Rue de la Mercerie 1.

Lausanne ist eine Hochburg für anspruchsvolles Theater und verpflichtet regelmäßig international anerkannte Künstler. Unter den rund 30 Bühnen der Stadt finden sich sowohl das Stadttheater in der **Opéra de Lausanne** (Tel. 310 16 00) wie auch zahlreiche Kleinbühnen. Keine Sprachprobleme bieten Ballettaufführungen, diese gelten – unter der Leitung des weltberühmten Choreografen Maurice Béjart – schlicht als großartig. Gleich auf drei Etagen mit verschiedener Einrichtung, Musik, Unterhaltung und einer Tanzbar wartet das **Café Garbo,** Rue Caroline 3, auf.

Von Lausanne nach Vevey

Von Lausanne führen die Avenue de Béthusy und der Boulevard de la Forêt zur berühmten **Corniche de Lavaux,** die sich durch die steilen Weinberge des Lavaux bis nach Vevey schlängelt. Mit seinen flachen Terrassen, geneigten Hängen und treppenartigen Aufgängen ist das **Lavaux** eines der großartigsten landwirtschaftlich genutzten Gebiete der Schweiz. Der hier gedeihende Wein gilt als Spitzenerzeugnis, ein besonders edler Tropfen wird im Gebiet von Dézaley gekeltert. Zwischen den Stütz- und Schutzmauern der Weinberge führt die Corniche an den kleinen Winzerorten Riex und Epesses vorbei nach Chexbres. Von hier verkehrt der **Train des Vignes,** der Weinberg-Zug nach Vevey.

Tipp Verbinden Sie die Fahrt mit dem Train des Vignes mit einer – oder mehreren – **Weinproben.** In fast jedem Winzerort des Lavaux heißt selbstverständlich ein Caveau Gäste willkommen.

*Vevey

Das Seeufer von Vevey (380–650 m, 17 000 Einw.) dominiert ein riesiges, komplett verglastes Verwaltungsgebäude – der 1960 erbaute Hauptsitz des größten Schweizer Multi Nestlé. Mit Produkten wie Schokolade, Kaffee, Babynahrung und vielem mehr stieg der Lebensmittelkonzern zum weltgrößten seiner Art auf. Auf Nestlé geht auch das **Alimentarium** am Quai Perdonnet zurück. Es zeigt die Nahrungsmittelproduktion von der Steinzeit bis heute, ausführlich werden alle Aspekte rund ums Essen beleuchtet. Schließlich darf man sich mit dem Nutrimetriecomputer eigene, ernährungsphysiologisch ausgewogene Menüpläne zusammenstellen und anschließend im stilvollen Café den neuen Erkenntnissen gemäß schlemmen (Öffnungszeiten: Di–So 10–18 Uhr).

Neben dem Museum grüßt Charlie Chaplin – als **Denkmal** – die Passanten. Der weltberühmte Künstler verbrachte am Lac Léman seinen Lebensabend.

Den lebendigen Mittelpunkt des herrlich gelegenen Ortes bildet die riesige **Place du Marché** am Seeufer. Jeden Di und Sa findet hier ein Markt statt.

Hinter dem Marktplatz liegt das **Musée suisse de l'appareil photographique** (Kameramuseum). In kühn kombinierter alter und moderner Architektur dokumentiert es von der Camera obscura über die Laterna magica bis hin zur heutigen digitalen Bild-

57

Tour 1 An den Gestaden des **Genfer Sees

aufzeichnung und avantgardistischen Techniken auch die Geschichte der Fotografie, ihrer Erfinder und Techniken. Präsentiert werden sowohl ein Fotoatelier »aus Großvaters Zeiten« wie Projektionen, Videos und interaktive CD-ROMs. Besonders spannend: ein Video, welches zeigt, wie die erste Fotografie entstanden ist (Öffnungszeiten: März–Okt. Di–So 11–17.30 Uhr, Nov.–Febr. 14–17.30 Uhr).

Im benachbarten Ort **La Tour-de Peilz** kommen nicht nur Kinder auf ihre Kosten: Das Musée suisse du Jeu im Schloss aus dem 13. Jh. umfasst eine Sammlung von Spielen aus aller Welt – alte und moderne, lehrreiche, strategische, lustige und skurrile, manche darf man auch gleich ausprobieren. Zum Museum gehören ein Café und ein Atelier, wo Holzspiele hergestellt und natürlich auch verkauft werden (Öffnungszeiten: Di bis So 14–18 Uhr).

Tipp Wer Vevey und den Genfer See von oben betrachten will, lässt sich mit der Seilbahn auf den Hausberg ***Mont Pèlerin** (1080 m) hieven. Ist die Rundsicht hier schon beeindruckend, kann sie vom Turm Plein Ciel aus nur als grandios bezeichnet werden (Panoramaaufzug; jeweils April–Okt. 9–18 Uhr).

Eine Zahnradbahn erschließt den Aussichtspunkt ***Les Pléiades** (1360 m). Eisenbahnfans verbinden diesen Abstecher vielleicht mit einer Fahrt in der nostalgischen ***Museumsbahn** von Blonay nach Chamby (Öffnungszeiten: Mai–Okt. Sa und So).

Office du Tourisme, Grande Place, 1800 Vevey, Tel. 084/886 84 84, Fax 021/962 84 93; www.montreux-vevey.com

Du lac, Rue d'Italie 1, Tel. 021/921 10 41, Fax 921 75 08. Charme der Jahrhundertwende mit dem Komfort von heute. Schwimmbad, Garten und Terrassenrestaurant, direkt am See. ○○○
▍ **Hostellerie de Genève,** Place du Marché 11, Tel. 021/921 45 77, Fax 921 30 15. Kleines Haus mit großer, überdachter Terrasse im Stadtkern. Traditionelle und italienische Küche im Terrassenrestaurant. ○○
▍ **Hostellerie chez Chibrac,** Mont Pèlerin, Tel. 021/922 61 61, Fax 922 93 88. Kleines und ruhiges Haus, wunderschön auf dem Mont Pèlerin gelegen. Feine Küche, exquisite Weine, schönes Intérieur und Blumenterrasse. ○

*Montreux

»Perle des Lavaux« wird Montreux (350–500 m; 20 000 Einw.) genannt, der meistbesuchte Kurort am Lac Léman mit den berühmten kilometerlangen blumengeschmückten Quais und Promenaden, eleganten Hotels und zahlreichen Luxusvillen. Noch um 1830 war Montreux ein bescheidenes Winzerdörfchen mit gerade einmal zwei Herbergen. Dass der Ort zu einem der berühmtesten Touristenzentren der Schweiz avancierte, ist Verdienst des Genfer Schriftstellers Jean-Jacques Rousseau: Sein Roman »La nouvelle Héloïse« spielte hier, viele Leser strömten in hellen Scharen herbei, um die Liebe zwischen Julie und St-Preux an Ort und Stelle nachzuempfinden. Im ausgehenden 19. Jh. lockten neben dem milden Klima und der herrlichen See- und Bergsicht bereits eine respektable Anzahl Luxushotels Besucher an, allen voran das

**Genf → *Nyon → **Lausanne → *Montreux → Villeneuve   Tour 1

legendäre **Montreux Palace** am Quai, und bis zum ersten Weltkrieg vergnügten sich hier die Noblen und Reichen Europas.

Größter Trumpf der Stadt sind nach wie vor die **Quais** mit ihrer prächtigen Aussicht; der schönste Spaziergang führt zwischen der Clarens- und der Territet-Bucht durch die gepflegten Seeuferanlagen. Das etwas verstaubte Bild der Stadt aus der Zeit um 1900 wurde hier mit dem **Casino,** einem Schwimmbad und modernen Kuranlagen aufgepeppt.

Grand Hotel der Schweizer Belle Époque: das Montreux Palace

Viel besungen: Der Genfer See und das Wallis

Neben einheimischen Dichtern und Schriftstellern haben die Gestade des Genfer Sees und das Rhonetal seit Jahrhunderten auch zahlreiche Literaten aus dem übrigen Europa inspiriert. **Johann Wolfgang von Goethe** (1749–1832) ließ sich begeistert über das südliche Ambiente am Genfer See, das »überaus schöne Tal« des Wallis, in einem Brief an Frau von Stein aus (»Briefe aus der Schweiz: Durchs Wallis über die Furka und auf den Gotthard«).

Von der Weite des Alpenmeeres, der Schönheit des fruchtbaren Norduters des Genfer Sees, der imposanten Kulisse der schneebedeckten Savoyer Alpen im Süden und der Walliser Gipfel im Osten ließen sich auch die Franzosen **Victor Hugo** (1802–1885) und **Voltaire** (1694–1778) und der Brite **Lord Byron** (1788–1824) bezaubern; insbesondere den Landstrich von Montreux haben **Stendhal** (1783–1842), **Leo Tolstoi** (1828 bis 1910) und **Rainer Maria Rilke** (1875–1926) gerühmt. Letzterem gefiel es auch am westlichen Seeufer: »Für Genf gab ich mir vier Tage, vierzehn Tage sind's geworden.« In seinen letzten Lebensjahren machte Rilke das Wallis zu seiner Wahlheimat, wo er nach seinem Tode 1926 seinem Wunsch gemäß auf dem Burghügel von Raron begraben wurde (s. S. 88). **Carl Zuckmayer** (1896–1977) verbrachte seinen Lebensabend im Bergort Saas Fee; 1977 hat auch er, als Ehrenburger der Gemeinde, auf dem dortigen Friedhof seine letzte Ruhe gefunden.

Vorübergehend weilten **Alexandre Dumas** (1824–1895), **Guy de Maupassant** (1850–1893) und **Mark Twain** (1835–1910) im Land an der Rhone. Während sie abenteuerliche Passüberquerungen schilderten (»Zu Fuß durch Europa«, »Reise auf's Riffelhorn«), rühmte **Arthur Rimbaud** (1854–1891) die Niederungen des Rhonetals und insbesondere den Wein: »Er hat Herz«, ließ er verlauten.

Tour 1 An den Gestaden des **Genfer Sees

Tipp Unzählige Besucher strömen im Juli/August nach Montreux zum **Jazzfestival;** eine Übernachtung dafür sollte man daher lange im Voraus reservieren.

Doch auch in Montreux wäre es schade, ausschließlich auf Uferhöhe zu verweilen. Vor allem empfiehlt sich die Fahrt mit der Zahnradbahn vom Bahnhof auf die ****Rochers de Naye** (2042 m). Bei der Bergstation (Restaurant) wurde ein artenreicher Alpenblumengarten angelegt; der Gipfel, in 10 Min. zu Fuß zu erreichen, gewährt einen phantastischen Blick über den Genfer See zu den Savoyer Alpen.

Montreux-Vevey Tourisme,
Place du Débarcadère,
1820 Montreux, Tel. 084/886 84 84,
Fax 021/962 84 86,
www.montreux-vevey.com

Hostellerie de Caux,
Tel. 021/961 25 91,
Fax 961 25 92. Mitten in den Alpweiden, an der Haltestelle »Hauts-de-Caux« der Zahnradbahn auf die Rochers de Naye. Gartenterrasse, schöne Aussicht, viele Spazierwege. ○○–○○○

▌**Golf-Hotel Rene Capt,**
Bon Port 35, Tel. 021/966 25 25,
Fax 963 03 52. Sympathisches Haus direkt am See, hoteleigener großer Garten. ○○

▌**Hostellerie du Lac,** Rue du Quai 12,
Tel. 021/963 32 71, Fax 963 18 35. Ruhiger Familienbetrieb an der Seepromenade, Möglichkeit zum Wasserskifahren und Segeln. Restaurant mit überdachter Terrasse. ○

▌**De Sonloup,** Tel. 021/964 34 31,
Fax 964 34 80. Bezauberndes kleines Hotel mit dem Charme der Jahrhundertwende auf dem Col de Sonloup. Traditionelle, gepflegte Küche, schattige Terrasse und ein grandioses Panorama. ○

Caveau du Museum,
Rue de la Gare 40,
Tel. 021/963 16 62. Käse- und Grillspezialitäten, diverse Fondues. So/Mo geschl. ○○

▌**La Locanda,** Ruelle du Trait 44,
Tel. 021/963 29 33. Italienische Küche, hausgemachte Teigwaren, Pizza, Fisch, vegetarische Gerichte, Grillspezialitäten und Kindermenüs. So geschl. ○○

▌**Du pont,** Rue du Pont 12,
Tel. 021/963 22 49. Gepflegte heimische Küche. ○○

**Château de Chillon

Kein Schloss der Schweiz wird öfter beschrieben, besungen und besucht (rund 300 000 Personen jährlich) als diese imposante Anlage auf der dem Ufer vorgelagerten Felseninsel östlich von Montreux. Wo bereits zur Römerzeit ein Bauwerk stand, legten die Grafen und Herzöge von Savoyen im 9. oder 10. Jh. die Festung an, welche bis ins 15. Jh. ihr Lieblingswohnsitz blieb. Ihre heutige Gestalt mit 25 Gebäuden und vier Höfen erhielt die Anlage im 13. Jh. unter Graf Peter II. von Savoyen. Älter sind der Bergfried, zwei Türme und zwei Wohngebäude, die St. Tryphon-Krypta datiert gar aus dem 10. Jh.

Schaurig berühmt wurde Schloss Chillon vor allem der zahlreichen Gefangenen wegen, die von den Savoyarden hier eingekerkert wurden, u. a. François Bonivard. Der unglückliche Genfer Prior war – als Befürworter der Reformation – 1530 im dunklen Verließ angekettet worden und kam erst frei, als 1536 die Berner das Schloss eroberten.

**Genf → *Nyon → **Lausanne → *Montreux → Villeneuve Tour 1

Chillon – ein Schloss mit schaurig-schöner Vergangenheit

Villeneuve

Die Seeuferstraße endet in Villeneuve. Schon in prähistorischer Zeit bewohnt, wurde die östlichste Bucht des Genfer Sees zu einer römischen Siedlung; schließlich gründeten die Savoyer hier im 13. Jh. die »Neue Stadt von Chillon«. Im Zentrum der charmanten Altstadt finden sich bemerkenswerte Häuser aus dem 18. und 19. Jh. Herausragendes Schmuckstück ist jedoch die romanische **Pfarrkirche,** die beiden Glocken wurden im 15. Jh. gegossen.

Sein Schicksal verewigte 1816 der englische Dichter Lord Byron in der weltberühmten Ballade »Der Gefangene von Chillon«. Der unterirdische ehemalige Kerker mit der Säule, an welcher Bonivard angekettet war, kann ebenso besichtigt werden wie die Waffenkammer, Wohnräume mit stilechtem Mobiliar, die Burgküche, der Landvogtsaal (13./14. Jh.), der Fest- und der Rittersaal (Öffnungszeiten: tgl. Okt.–März 9.30–17 Uhr, April–Sept. 9 bis 18 Uhr, Nov–Febr. 10–17 Uhr).

Office du Tourisme,
Grande Rue 15, 1844 Villeneuve, Tel. 021/960 22 86, Fax 968 10 13.

Du Quai, Quai 4,
Tel. 021/960 18 81,
Fax 960 17 96. Kleines, nettes Haus direkt am See, freundliche Zimmer, Seeterrasse. Spezialitäten des Restaurants: Fischgerichte und hausgemachte Desserts. ○

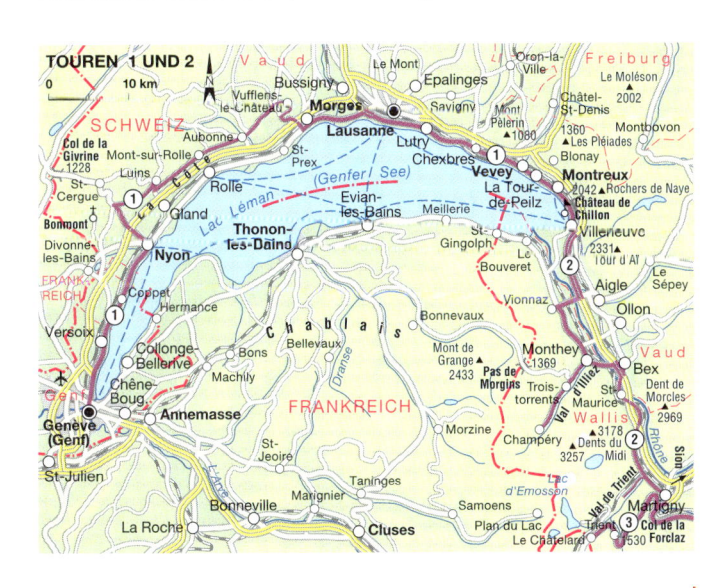

Seite 61

61

Tour 2

Vom Rhonedelta ans Rhoneknie

Villeneuve → Aigle → St-Maurice → *Martigny (67 km)

Schon Wallis – aber noch ein sehr untypischer Part: Vom Naturschutzgebiet der Rhonemündung am Genfer See bis hinauf nach St-Maurice präsentiert sich das Tal weit und offen, Klima und Vegetation sind ähnlich wie am Genfer See. Doch die imposante Gebirgswelt, die das Wallis berühmt gemacht hat, kündigt sich bereits an: Majestätisch beherrschen die sieben Gipfel der Dents du Midi das breite Rhonetal. Und dann rücken die Berge zusammen, das Tal wird enger. Wo habgierige Eroberer schon früh eindringen konnten, entwickelte sich die keltische Siedlung St-Maurice, die später römische Grenzstation wurde und ein berühmtes Kloster besitzt. Bei Martigny am Rhoneknie ist schließlich das »richtige« Wallis erreicht. (1 Tag)

Von Villeneuve ins Val d'Illiez

Aigle

10 km südlich von Villeneuve liegt etwas oberhalb der Rhonetalstraße das Städtchen Aigle mit der sehenswerten gotischen Kirche **St-Maurice** aus dem 15. Jh. und einem trutzigen Schloss mit Rundtürmchen, Pechnasenkranz und viereckigem Donjon. Im 12. Jh. errichtet, später zerstört und Ende des 15. Jh. wieder aufgebaut, beherbergt es heute ein bedeutendes **Weinmuseum,** welches Rebbau, Weinhandel, Alltag und Feste der Winzer dieser Region eindrucksvoll dokumentiert (Öffnungszeiten: Apr.–Juni, Sept./Okt. Di–So 10–12.30, 14–18 Uhr, Juli/Aug. tgl. 10–18 Uhr).

Monthey

In Aigle verlässt man die Rhonetalstraße vorerst, überquert die Rhone und trifft in Vionnaz auf die Straße entlang dem linken Rhoneufer nach Monthey. 1025 erstmals erwähnt, weckte der alte Marktflecken jahrhundertelang Begehrlichkeiten. Sowohl Sarazenen, Berner, savoyardische Herren und natürlich Walliser kämpften um ihn. Heute wird das Städtchen von den Betrieben der chemischen Industrie und des Metallbaus dominiert. Doch die engen Gassen der Altstadt haben sich ihre mittelalterliche Atmosphäre bewahrt, in der Nähe des Bahnhofs stehen noch Teile der Stadtbefestigung, ein Tor und Ecktürme. Das stolze **Schloss** – im 13. Jh. errichtet – wurde 1726 durch ein Hochwasser zerstört und teilweise barock wieder aufgebaut.

Bei Monthey öffnet sich nach Südwesten das kurze, stille **Val d'Illiez,** üppig grün mit vielen Wäldern und wie locker hingestreuten Holzhäusern.

Zum Dorf Val d'Illiez

Über den ungebärdigen Bergfluss La Vièze führt die Straße den Sonnenhang entlang zuerst nach **Troistorrents** (770 m), wo man zum Wintersportplatz **Morgins** und zum **Pas de Morgins** (1369 m) abzweigen kann.

Nächster Ort im Tal ist das freundliche Dorf **Val d'Illiez** (946 m) mit einer imposanten Barockkirche. Den Glockenturm schmückt eine sog. welsche Haube: Auf einem niedrigen, schwach geneigten Unterdach steht ein achteckiges Turmteil, darauf ist ein

Villeneuve → Aigle → St-Maurice → *Martigny Tour 2

zweites, schmaleres, ebenfalls achteckiges Turmteil gesetzt, und ganz zuoberst erhebt sich eine Turmspitze.

*Champéry

Bald ist auf einer Hochebene Champéry (1053 m), der letzte Ort im Val d'Illiez, erreicht. Mit der Eröffnung des ersten Hotels im Jahr 1857 wurde das schmucke Dorf zu einem der frühen Stützpunkte des Alpentourismus. Heute berühmter Wintersportort, erschließt Champéry zusammen mit Morgins die **Portes du Soleil** (»Sonnenpforten«), eines der größten Skigebiete der Welt. Im Talschluss be-

---

Naturschutzgebiet Rhonedelta

Seite 61

Im Rhonedelta zwischen Villeneuve und Le Bouveret bilden Schilfröhricht, weite Riedflächen, naturbelassene Wasserläufe und Auwälder eine herrlich unverfälschte Landschaft. Die Ufer, Tümpel und Sumpfzonen sind Lebensraum vieler Amphibien und seltener Pflanzen wie der Liparis und des Lungenenzians. Erlebt werden kann das Naturschutzgebiet auf einen markierten Wanderpfad (rund 2 Std.). Damit die hoch empfindliche Landschaft und ihre Bewohner nicht gestört werden, darf der Weg nicht verlassen werden!

Am westlichen Ortsrand von Villeneuve zieht sich hinter dem Wildbach Eau Froide ein schmaler Pfad in Richtung Westen rund 1,5 km – durch Auen, sumpfiges Gelände und an schönen Schilfbeständen vorbei – das Genfer Seeufer entlang. Je nach Jahreszeit sind zahlreiche Vogelarten zu beobachten: Zu den einheimischen gesellen sich im Herbst rastende Zugvögel, einige von ihnen verbringen gar den ganzen Winter hier. Ab und zu ist ein Großer Kormoran zu sehen, im Frühling brüten zahlreiche Arten. Hinter dem kleinen Ort **Les Grangettes** wandert man, dem Entwässerungskanal Grand Canal folgend, durch ein ausgedehntes Sumpfgebiet mit einem idyllischen kleinen See und weiter in Richtung Westen zum Jachthafen von Chaux Rossa. Durch ein Stück Auenwald und über ein Fahrsträßchen wird die **Vieux Rhone** (Alte Rhone) erreicht, die ihren Lauf noch selber bestimmt. Überquert man die Brücke über den Fluss, steht man bald an der im 19. Jh. zwischen zwei Hochwasserdämmen kanalisierten neuen Rhone, die hier den Kanton Waadt vom Wallis trennt. Nun geht es ein schnurgerades Uferstäßchen Richtung Rhonemündung entlang, bis links ein Sträßchen abzweigt und über den schmalen Kanal führt, der 1651–1659 von dem bedeutenden Walliser Handelsherrn K.Stockalper (s. S. 97) angelegt wurde. Hinter dem Kanal liegt der Boothafen von Le Bouveret, und bald ist auch das Uferdörfchen erreicht.

Wer die Besonderheiten des Naturschutzgebietes, welches nicht nur biologisch, sondern auch geologisch und archäologisch von größtem Wert ist, näher kennen lernen will, meldet sich bei der **Stiftung Les Grangettes** (Tel. 021/921 15 21, Fax 968 10 25). Der Kurator persönlich nimmt Besucher gerne auf einen Rundgang mit.

Über 3000 m hoch ragen die Felszacken der Dents du Midi in den Himmel

herrschen die sieben imposanten Felszacken der mächtigen **Dents du Midi** (3257 m) die Szenerie, im Südwesten erheben sich die Schneegipfel der **Dents Blanches.**

Tipp Besonders empfohlen sei die kurze Wanderung zur **Felsengalerie Defago** 2,5 km südlich von Champéry. Bereits 1864 eröffnet, führt sie 600 m lang hoch über dem Vièze-Tal durch die Felsen.

Office du Tourisme,
1874 Champéry,
Tel. 024/479 20 20, Fax 479 20 21.

Auberge du Grand-Paradis, Champéry, Tel. 024/479 11 67, Fax 479 30 69. Rustikal und sympathisch, einfache Zimmer (ohne Bad), Walliser und andere Spezialitäten, bekannt für Fisch und Raclette vom Holzfeuer. Schöner Garten. ○

St-Maurice

Die Stadt an der Rhonetalstraße gilt als eine der kunstgeschichtlich bedeutendsten der Schweiz. Bereits von den Kelten besiedelt, wurde das strategisch bedeutende Agaunum zwischen den hohen Felswänden in der Talenge der Rhone zu einem wichtigen Zoll- und Militärposten der Römer, Kaiser Augustus machte es sogar zur Walliser Hauptstadt. Weil sie sich weigerte, auf Befehl von Kaiser Maximian den Göttern Roms zu opfern und ihre christlichen Glaubensgenossen umzubringen, wurde um 300 an der Stelle der heutigen Abtei die **Thebäische Legion** mit ihrem Führer Mauritius – Namensgeber der Stadt – niedergemetzelt. Von der Ende des 4. Jhs. auf dem Märtyrergrab errichteten ersten christlichen Stätte der Schweiz aus verbreitete sich das Christentum im ganzen Wallis.

Das berühmte ****Chorherrenstift,** 515 von Burgunderkönig Sigismund gegründet, zählt zu den wichtigsten und sehenswertesten Klöstern der Schweiz. Die barocke Basilika mit dem frühromanischem Glockenturm (11. Jh.) und prachtvollem Chorgestühl stammt zum größten Teil aus dem 17. Jh. Einen unermesslich reichen wie wertvollen ****Kirchenschatz** bewahrt die Schatzkammer der Abtei (s. u.)

Der **Kirchenschatz

Die Klosterkirche von St-Maurice birgt einen überaus reichen und künstlerisch wertvollen Kirchenschatz. Er gehört zu den bedeutendsten der gesamten Christenheit und ist mit Sicherheit eine der wichtigsten Sammlungen mittelalterlicher Goldschmiedekunst in Europa. Ein Großteil der kostbaren Stücke stammt aus merowingischer Zeit, hochmittelalterlich sind vor allem die Reliquien und liturgischen Objekte. Von den zahlreichen Prunkstücken können hier nur die herausragenden vorgestellt werden:

Villeneuve → Aigle → St-Maurice → *Martigny Tour 2

Kirchenschatz von St-Maurice

Die Grand-Rue mit ihren Bürgerhäusern und Adelssitzen ist alles andere als groß, sondern vielmehr eine der engsten Straßen der Stadt. Über die alte Römerstraße gelegt, führt sie durch die Altstadt und auf einen Felsvorsprung zum Schloss. Im 13. Jh. errichtet und im 16. Jh. erneuert, beherbergt es jetzt ein **Militärmuseum** mit Waffen und Uniformen der Walliser Regimenter von 1815 bis heute (Öffnungszeiten: Di–So 10–12, 14–18 Uhr).

Evionnaz

Attraktion des kleinen Ortes ist das 1998 eröffnete **Labyrinth**. Die Form des mit 15 000 Thujen und verschiedenen Bäumen angelegten Irrgartens zeichnet die Umrisse des Kantons nach, auf einem 3 km langen Weg kann man alle Ecken des Wallis entdecken – je höher die Bäume werden, desto spannender die Suche (Tel. 027/767 14 14, Öffnungszeiten: Mitte März bis Ende Okt. tgl. 9.30 bis 19 Uhr, in »Halloween-Nächten« bis 24 Uhr; Infos: www.labyrinthes.ch).

Seite 61

*Martigny

Überragt wird das Städtchen, das zu den ältesten Walliser Siedlungen gehört, vom runden Turm der im 13. Jh. errichteten und 1518 eingeäscherten Burgruine La Bâtiaz.

Unter den mächtigen Platanen auf der südländisch anmutenden **Place Centrale** trifft man sich in den Stra-

Der Reliquienschrein des Heiligen Mauritius aus dem 12. Jh., aus Silber getrieben und vergoldet, ist mit großartigen Reliefabbildungen von Christus, den Aposteln und einigen Engeln verziert. Ein weiterer Reliquienschrein im gotischen Stil stammt aus dem Jahr 1225; er wurde aus vergoldetem und versilbertem Kupferblech gefertigt. Die Wasserkanne soll Karl der Große im 9. Jh. der Abtei geschenkt haben, nachdem er sie vom Kalifen von Bagdad verehrt bekommen hatte; die Emailverzierung wird auch orientalischer Kunstfertigkeit zugeschrieben.

Wahre Kostbarkeiten sind das merowingische mit Edelsteinen und Perlen besetzte Reliquienkästchen aus Gold des Priesters Theoderich (7. Jh.), ein mit Edelsteinen bestücktes Büstenreliquiar des Heiligen Candidus (12. Jh.) und eine altrömische Sardonyxvase. Des Weiteren birgt der Kirchenschatz eine alte Inschriftensammlung und Textilien aus dem Mittelalter (Führungen: Jan.–Ostern Di–So 15 Uhr, Ostern–Juni sowie Sept./Okt. Di bis Sa 10.30, 15, 16.30 Uhr, So 15, 16.30 Uhr, Juli/Aug. Di–Sa 10.30, 14, 15.15, 16.30 Uhr, So 14, 15.15, 16.30 Uhr).

ßencafés zum Stadtbummel. Wenig entfernt ist in der Mauer der barocken Kirche (1645) ein römischer Meilenstein eingelassen.

Er bildet den Ausgangspunkt eines markierten Rundgangs zu den Ausgrabungsstätten in der Römischen Straße, führt zum rund 5000 Personen fassenden **Amphitheater** und zur ***Fondation Pierre Gianadda**, erbaut auf den Fundamenten eines gallo-römischen Tempels (1.–2. Jh.). Das aus Beton errichtete Bauwerk ist ein Kulturzentrum von Weltrang: In dem weitläufigen Park stehen Skulpturen von Brancusi, Rodin, Miró und Moore, im Innern finden Wechselausstellungen und Meisterkonzerte statt.

Das **Musée gallo-romain** zeigt Münzen, Keramik, Schmuck, Werkzeuge und großartige Bronzegüsse. Und das **Automobilmuseum** präsentiert rund 50 Oldtimer, die jüngsten Baujahr 1939 (Öffnungszeiten: tgl. 10 bis 18 Uhr, Juni–Okt. 9–19 Uhr).

Office du Tourisme,
Place Centrale 9, 1920 Martigny, Tel. 027/721 22 20, Fax 721 22 24
www.martigytourism.ch

De Ravoire, in **Ravoire,**
(ca. 4 km oberhalb Martigny), Tel. 027/722 23 02, Fax 723 21 60.
Gemütliches Haus im Grünen am Waldrand, Sicht auf Berge und Rhoneebene, Terrassenrestaurant. ○–○○

Alpes & Rhone, Rue du Léman 15, Tel. 027/722 17 17, Fax 722 43 00. Hotel im Stadtzentrum, jedoch ruhig; kinderfreundlich, bekannt für gute Küche, Terrassenrestaurant. ○

Taverne de la Tour, Rue Marc-Morand 7, Tel. 027/722 00 70.
Gemütliche Atmosphäre in historischem Gebäude, Spezialitäten wie Raclette, Kutteln, Rösti. Mo geschl. ○

Tour 3

Tiefe Täler, hoch gelegene Seen

**Martigny → Val de Trient
→ *Val Ferret → Val d'Entremont
→ *Großer St. Bernhard
→ *Val de Bagnes (146 km)**

Tief eingeschnittene Täler, reißende Flüsse, klare Seen und großartige alpine Gipfellandschaften – das haben die vier Seitentäler der Rhone südlich von Martigny gemeinsam. Um sie alle kennen zu lernen, sollte man sich zwei bis drei Tage Zeit nehmen.

Im Val de Trient

In **Vernayaz,** 5 km nordwestlich von Martigny, mündet der wilde Bergfluss Trient in die Rhone. Am Beginn des tief eingeschnittenen Val de Trient windet er sich durch den engen Schlund der ***Gorges du Trient** (Trientschlucht). Bereits seit 1860 können Besucher auf sicheren, kühn an den hohen Felswänden der Schlucht angebrachten Holzstegen das wild tosende Wasser bestaunen (Öffnungszeiten: Mai bis Sept. tgl. 9–18.30 Uhr, Rundgang ca. 1 Std.). Eine Bergstraße erschließt den vorderen Talabschnitt, sie endet jedoch in Le Trétien. Wer mit dem Auto nach Le Châtelard oder weiter nach Frankreich fahren will, muss den Umweg über den ***Col de la Forclaz** (1527 m) wählen.

Tipp **Mont-Blanc-Express** heißt die Schmalspurbahn, die sich ab Martigny via Vernayaz per Zahnrad-

Martigny → *Großer St. Bernhard → *Val de Bagnes Tour 3

In den Gorges du Trient rücken die Felsen eng zusammen

Possierliche Murmeltiere

antrieb durch das zerklüftete Val de Trient bis Chamonix hinaufschraubt. Die Steigung beträgt stellenweise bis zu 20 %!

Salvan (927 m), erstes Dorf und Hauptort des Tales, ist ein ruhiger Sommerferien- und Wintersportplatz. Die tiefen, vom Wasser in den Fels gewaschenen Löcher, sog. Gletschertöpfe, am Ortsrand sind Relikte der Eiszeit.

Bellevue, Salvan,
Tel. 027/761 15 23. Neben exotischen Genüssen wie Känguru- und Lammcurry gibt es auch Walliser Spezialitäten. Gemütlich, schöne Sonnenterrasse. Mi geschl. ○–○○

Sommergäste und Schneeliebhaber zieht es gleichermaßen in das sonnenverwöhnte, vom Luisin (2785 m) vor Nordwinden geschützte Nachbardorf **Les Marécottes** (1032 m). Mit dem Sessellift geht es hinauf nach La Creusaz auf einem Vorsprung des Luisin, von wo man eines der schönsten Bergpanoramen vom Mont-Blanc bis zu den Savoyer Alpen genießen kann.

Wanderer werden von den vielen Tourenmöglichkeiten, beispielsweise nach Le Trétien oder Finhaut (s. u.), begeistert sein. Kindern gefällt sicher der kleine Zoo alpin mit Steinböcken, Murmeltieren und Bären unten im Ort (Öffnungszeiten: tgl. 9 Uhr bis Sonnenuntergang).

Office du Tourisme,
Place de la télécabine,
1923 Les Marécottes,
Tel. 027/761 31 01, Fax 761 31 03.

Aux Mille Etoiles,
Tel. 027/761 16 66,
Fax 761 16 00. Familiär geführtes, kinderfreundliches Haus mit Hallenschwimmbad, Sauna, Fitnessraum und schönem Garten. ○○

Über Le Trétien führt die Bahn nach **Finhaut** (1128 m), wo die Schluchten der beiden Bergflüsse Triège und Trient zusammentreffen. Prächtig ist der Ausblick auf den Trientgletscher im Süden und zahlreiche weitere Gipfel, u. a. die Aiguille du Tour (3540 m). Der ungewöhnliche Kirchenbau mit sowohl gotischen als auch kubistischen Elementen von Ferdinand Dumas hat 1929 die moderne Sakralarchitektur im Wallis begründet, er blieb aber umstritten.

Auf der Straße erreicht man Finhaut über den Col de la Forclaz und **Trient** (1304 m), ein beliebtes Standquartier

Seite 76

Tour 3   Tiefe Täler, hoch gelegene Seen

Die Staumauer des Lac d'Emosson – herrlicher Aussichtspunkt

für Bergwanderer. Weiter geht es oberhalb der Schluchten von Tête-Noire nach **Le Châtelard.** Auch hier findet man genügend Möglichkeiten für Bergtouren, sei es zum Col de Balme (2204 m, 3 Std.), zum Col de la Forclaz (1 Std.) oder zum Trientgletscher (2 Std.).

Selten gestaltet sich eine Bahnfahrt so abwechslungsreich wie die Anfahrt zum Lac d'Emosson. Die erste Etappe von Le Châtelard erfolgt in der steilsten Drahtseilbahn Europas mit Zweiwagenbetrieb, die Steigung beträgt bis zu 87 %! Von der Bergstation **Château d'Eau** schweift der Blick über die schneebedeckten Gipfel im Süden und das Val de Trient bis hinunter ins Rhonetal. Auf einer nur 60 cm breiten Spur zuckelt anschließend ein elektrisches Panoramabähnchen hoch über der Bouchy-Schlucht durch den Wald, im Süden ist mittlerweile der Mont-Blanc auszumachen. Das letzte Teilstück der abenteuerlichen Anfahrt auf die Krone der Emosson-Staumauer übernimmt eine Standseilbahn mit einer maximalen Steigung von nicht weniger als 73 %.

Lieblich zwischen die umliegenden Berghänge gebettet liegt der im Jahr 1975 in Betrieb genommene Stausee **Lac d'Emosson** (1930 m), der von Finhaut auch über eine Straße zu erreichen ist. Von seiner 180 m hohen, 554 m langen und 9 m breiten Mauerkrone aus beschert er eine herrliche Sicht auf die Walliser und die Savoyer Hochalpen.

Barrage d'Emosson,
am Lac d'Emosson,
Tel. 027/768 12 74. Walliser Spezialitäten, großartige Aussicht auf die Mont-Blanc-Kette und den Trientgletscher.

Nach Orsières

Die bei Martigny in die Rhone mündende Dranse wird von Wassern aus drei Tälern gespeist: aus dem ***Val de Bagnes,** dem **Val d'Entremont** und dem ***Val Ferret.** Letzteres erreicht man am schnellsten auf der St-Bernhard-Route über Sembrancher und Orsières. Landschaftlich viel reizvoller ist jedoch die bei Les Valettes abzweigende kleine Bergstraße über Champex.

Wo kurz nach Les Valettes der Durnand d'Arpille in die Dranse mündet, empfiehlt sich eine Entdeckungsreise durch die enge, wildromantische ***Gorges de Durnand.** 150 m tief führen Stufen zum Wildbach Durnand hinab, ein rund 800 m langer Rundweg auf gut gesicherten Holzstegen und Galerien entlang den steil aufragenden Felsen erschließt die Schlucht (Öffnungszeiten: Mai–Okt.).

Durch schönen Bergwald und an etlichen Weilern vorbei gelangt man zu der in einem Hochtal locker hingestreuten Feriensiedlung ***Champex** (1466 m). Im tiefblauen Wasser des ***Lac de Champex,** einem lieblichen kleinen Moränensee, spiegeln sich Zacken, Gipfel und Grate der umliegenden Berge, man kann baden, surfen oder ein Boot mieten. Ein lohnender Wanderweg (2,5 Std.), aber auch ein Sessellift bringen den Bergfreund auf den Gipfel des **La Breya** (2188 m) mit wunderschönem Alpenpanorama.

Tipp Vor allem im Juni zur Hauptblütezeit wird man von den über 2000 Pflanzen im Alpengarten **Florealpe** begeistert sein. Neben einheimischen Bergblumen gedeihen hier auch Gewächse aus dem Kaukasus und dem Himalaja (Öffnungszeiten: Mitte Mai bis Mitte September 9–17 Uhr).

Office du Tourisme,
1938 Champex-Lac,
Tel. 027/ 783 28 28, Fax 783 35 27,
www.champex.ch

Belvedere, Tel. 027/783 11 14, Fax 783 25 76. 300 m vom See entfernt, ruhig gelegenes und kinderfreundliches Haus im alten Stil; schöner Garten und herrlicher Blick auf das Grand Combin-Massiv. ❍

Au Vieux-Champex,
Tel. 027/783 12 16. Ortstypisches Lokal über dem See, freundliche und familiäre Atmosphäre. Spezialitäten: Raclette, Seeforellen, Entrecôte auf Schieferplatte. ❍

In steilen Kurven führt die Straße hinunter nach **Orsières** (901 m), Endstation der Bahnstrecke von Martigny, wo sich Val d'Entremont (s. S. 70) und *Val Ferret gabeln. Bemerkenswert an der neugotischen Pfarrkirche (1896) ist der romanische Glockenturm. Er wurde im 13. Jh. aus Walliser Tuff und Granit errichtet, die vorspringenden Skulpturen stellen Tierköpfe dar.

Das *Val Ferret

Da die meisten Besucher ab Orsières den Weg durch das Val d'Entremont zum *Großen St. Bernhard nehmen, ist das idyllische, tief eingeschnittene *Val Ferret bisher von Touristenströmen verschont geblieben. An seine Flanken schmiegen sich kleine ursprüngliche Dörfer, z. B. **Praz-de-Fort** mit einer schönen Barockkapelle.

Die Straße steigt weiter an, hoch über den Berghängen grüßen die Spitzen Gipfel des Mont Dolent (3820 m) und der Aiguille d'Argentières (3896 m). Kurz hinter La Fouly (1605 m), wo die Landschaft wild und einsam wird, liegt der nur im Sommer bewohnte Bergweiler **Ferret** (1705 m), letzter Ort im Tal und Ausgangspunkt für lohnende mittelschwere und schwierige Bergtouren.

An den von großartigen Gipfelpanoramen eingerahmten drei Bergseen **Lacs de Ferret** vorbei führt ein anstrengender Pfad auf den **Col Ferret** (2537 m, 3 Std.). Hier, an der Grenze zu Italien, hat man einen herrlichen Blick auf das tiefliegende Val Ferret im

Tour 3 Tiefe Täler, hoch gelegene Seen

Norden und das mächtige Mont-Blanc-Massiv mit der schwarzgrauen Pyramide der Grandes Jorasses (4208 m) im Westen.

Edelweiss, La Fouly, Tel. 027/783 26 21, Fax 783 28 20. Gemütliches altes Gasthaus, hübsche Zimmer mit Balkon. ○

Das Val d'Entremont

Die meisten Besucher wählen für die Fahrt ins Val d'Entremont (Tal zwischen Bergen, gemeint sind die Massive von Mont-Blanc und Grand Combin) – gleich ab Martigny die Hauptstraße zum *Großen St. Bernhard über **Sembrancher** (717 m), wo etliche wappengeschmückte Bürgerhäuser aus dem 18. Jh. den malerischen Dorfplatz säumen.

Bourg-St-Pierre (1632 m), ein südlich anmutendes Alpenstädtchen, weist zahlreiche historische Sehenswürdigkeiten auf: Der von Zwillingsfenstern durchbrochene, mit Blendarkaden versehene romanische Turm einer um 1000 errichteten Kirche gilt als ältester Glockenturm des Wallis; die barocke Kirche wurde – unter Beibehaltung der Nordkapelle und des Triumphbogens – 1739 neu erbaut, so dass bemerkenswerte gotische Fresken erhalten blieben. Oberhalb des Dorfes führt die Karlsbrücke, ums Jahr 800 angeblich von Karl dem Großen angelegt, über den Wildbach der Valsorey; darüber verlief die alte Passstraße.

Du Vieux Moulin, Bourg-St-Pierre, Tel. 027/787 11 69, Fax 787 11 92. Einfach und ruhig, auch Touristenlager. ○

Zum *Großen St. Bernhard

Oberhalb von Bourg-St.-Pierre beginnen die 5,5 km langen Galerien, welche die Straße zum Eingang des Tunnels (5,8 km, Gebühr) durch den Großen St. Bernhard auch im Winter schneefrei halten. Wo sich heute die Touristenströme gen Italien ergießen, marschierten einst Kelten, Römer, Hannibal, Napoleon, Pilger und Schmuggler.

Die schmale Passstraße überwindet die Talenge von Maringo, wo Napoleon die Österreicher entscheidend geschlagen hat, anschließend die öde Combe des Morts (»Totenschlucht«) und erreicht schließlich die Passhöhe des *Großen St. Bernhard (2469 m). Am kleinen Bergsee steht das Hospiz aus dem 11. Jh., dessen Museum keltische Münzen und römische Funde aus der Region der alten Passstraße, aber auch Dokumente zur Hospiz-Geschichte, Erinnerungen an Napoleon und eine naturwissenschaftliche Sammlung birgt (Öffnungszeiten: Juli bis Aug. 8–19, Juni und Sept. 8–12, 13–18 Uhr).

Berühmt sind auch die von den Mönchen gezüchteten Bernhardinerhunde; der legendäre Hund Barry steht heute ausgestopft im Naturhistorischen Museum in Bern.

Auf italienischer Seite führt die Straße hinunter nach **Aosta;** von Orsières nach Aosta verkehrt auch ein Postauto über den Pass.

De l'Hospice, Tel. 027/787 11 53, Fax 787 11 92. Einfaches, freundliches Berghotel; nur im Sommer offen. ○

▎**Hospice du Grand-St-Bernard,** Tel. 027/787 12 36, Fax 787 11 07. Einfache Zimmer in einem 1898 ans Hospiz angebauten Gebäudeteil; nur im Winter offen. ○

Martigny → *Großer St. Bernhard → *Val de Bagnes   Tour 3

Die Bernhardinerhunde – einst Helfer, heute Souvenirartikel

Das *Val de Bagnes

Fährt man in Sembrancher weiter geradeaus, kommt man nach **Le Châble** (836 m), dem Hauptort des *Val de Bagnes. Die mit schönen Schmiedearbeiten ausgestattete Pfarrkirche (1520 bis 1524) weist einen mächtigen Glockenturm (1488) mit auffälligen Lukarnen auf, daneben lohnt sich ein Blick in das Beinhaus aus dem Jahr 1560.

Der *Große St. Bernhard

Bereits im frühen Altertum soll der Große St.-Bernhard-Pass als Verbindungsweg über die Alpen gedient haben. Keltische Gallier verehrten auf der Passhöhe ihren Gott Penninus; 218 v. Chr. überquerten ihn die Elefanten Hannibals. Die alten Römer schätzten den Ort vierhundert Jahre lang als strategisch bedeutenden Übergang zwischen Mitteleuropa und Italien. Im Mittelalter nahmen Pilger, Mönche, Kaufleute und andere Reisende in großer Zahl die beschwerliche, ja gefährliche Reise auf sich, ebenso gekrönte Häupter wie Kaiser Friedrich I. Barbarossa, Sigismund, Heinrich IV. – auf dem Weg nach Canossa – und Heinrich V. sowie die Päpste Leo III. und Gregor IV. Im Jahre 1800 überschritt Napoleon Bonaparte mit einem Heer von 40 000 Mann den Großen St. Bernhard. Sie alle zogen Nutzen aus dem im 11. Jh. errichteten **Hospiz,** das Bernhard von Menthon, Erzdiakon von Aosta – und Namensgeber des Passes – mit Mönchen des Augustinerordens hier nebst Kloster gebaut hatte und das neun Jahrhunderte lang jeden, der hier vorüberzog, kostenlos aufnahm, verköstigte und, wenn nötig, weiterbegleitete. Das heutige Hospiz wird nach wie vor von Augustiner-Mönchen geführt; ihr Kloster ist eines der höchstgelegenen der Welt.

Als die ersten Autos über den Pass fuhren, wurde die im 19. Jh. neu gebaute Straße von drei auf sechs Meter verbreitert. Wintersicher ist der St. Bernhard seit 1964 durch den knapp 6 km langen Straßentunnel.

Weltweit bekannt sind die von den Mönchen gezüchteten **Bernhardinerhunde.** Ursprünglich aus Tibet stammend, dienten sie auf dem Pass schon den Kelten und Römern als Wächter. Lange Zeit spürten die Tiere verirrte und geschwächte Reisende auf; Barry, der berühmteste Bernhardiner, hat Anfang des Jahrhunderts mindestens vierzig Menschen vor dem Tod durch Erfrieren gerettet. Inzwischen wurde die Hundezucht aber wegen unzureichender Bedingungen aufgegeben.

3

Seite 76

Tour 3 Tiefe Täler, hoch gelegene Seen

Herrlich auf einer Terrasse liegt **Verbier** (1510 m). Im Halbkreis umgeben die sonnigen Hänge des Bagnestals den windgeschützten, auch im Winter klimatisch milden Ort, gen Süden bietet sich ein großartiger Ausblick auf die Viertausender Grand Combin und Mont-Blanc. Das ehemalige Bergdorf hat sich mit seiner »Arena von Verbier« längst zu einem renommierten Wintersportort gemausert, am **Mont Fort** (3330 m) starten erfahrene Skitourengeher zur berühmten Hochgebirgstour »Haute Route« nach Zermatt oder Saas-Fee. Sportlich Aktive finden auch im Sommer reichlich Abwechslung, vor allem beim Mountainbiken und Bergwandern.

Seilbahnen führen auf den prächtigen Aussichtsgipfel **Mont Gelé** (3023 m) und nach Savoleyres, wo ein angenehmer, wenn auch etwas anstrengender Wanderweg auf die Felszacken der Pierre Avoi (2472 m) seinen Ausgang nimmt (30 Min.). Der höchste Gipfel zwischen der Rhone im Norden und der Dranse im Süden fasziniert mit einem der schönsten Panoramen des Wallis.

Das Bergdorf Verbier entwickelte sich zu einem renommierten Sommer- und Wintersportort

Office du Tourisme, Place Centrale, 1936 Verbier, Tel. 027/775 38 88, Fax 775 38 89, www.verbier.ch.

Golf, Tel. 027/771 65 15, Fax 771 14 88. Gastliches, sehr ruhig gelegenes Haus mit viel Komfort, einer Sauna sowie schönem Garten. ○○
▌ **Phenix,** Tel. 027/771 68 44, Fax 771 58 55. Zentral gelegen, geräumige Zimmer mit Balkon, familienfreundlich, Terrassenrestaurant. ○○
▌ **Bristol,** Tel. 027/771 65 77, Fax 771 51 50. Im Zentrum gelegen, komfortabel. ○

La Grange, Tel. 027 / 771 64 31. Sympathisches, holzgetäfeltes Lokal mit Kamin und Bar. Das Angebot reicht vom einfachen Walliser Gericht bis zum mehrgängigen Feinschmeckermenu. ○–○○○
▌ **Au Vieux-Valais,** Tel. 027/775 35 20. Gemütliches Restaurant mit Bergblick und Terrasse; Spezialitäten sind Fondue, Raclette sowie Wildgerichte. ○○

Südöstlich von Le Châble liegt das eigentliche ***Val de Bagnes** mit dem kleinen Bergdorf Fionnay (1497 m). In Richtung Süden steigt das Tal nun steiler an, nach einigen Kurven gelangt man am Endpunkt der Straße zum mächtigen Stausee von Mauvoisin (1840 m). Die 237 m hohe Mauer, die die Dranse zum ***Lac de Mauvoisin** staut, hält 204 Mio. m^3 Wasser und gilt als eine der höchsten Staumauern weltweit. Eingerahmt wird die Talsperre von den Bergriesen Combin de Corbassière (3716 m), Grand Combin (4314 m) und Mont Blanc de Cheilon (3870 m).

Mauvoisin, Tel./Fax 027/ 778 11 30. Einfaches Berggasthaus mit schönem Garten und herrlicher Aussicht, auch Touristenlager. ○

Tour 4

Im Obst- und Gemüsegarten

Martigny → Saxon → Saillon → Sion (81 km)

Die Rhoneebene zwischen Martigny und Sion steht in krassem Gegensatz zu den kargen Hängen, wie sie das Wallis gemeinhin aufweist: Hier ist das Klima besonders mild und der Boden äußerst fruchtbar, es gedeihen Weintrauben, Obst und Gemüse im Überfluss. Bewacht wird die Region von den mittelalterlichen Festungs- und Stadtanlagen von Saxon und Saillon. Nicht unbeachtet lassen sollte man am Wegrand eine der schönsten romanischen Kirchen der Schweiz in *St-Pierre-de-Clages. (1 Tag)

Von Martigny aus führen Bahn und Straße im Rhonetal durch ausgedehnte Gemüse- und Obstkulturen. Noch Ende des 19. Jhs. war der Talboden unwegsames Sumpfgebiet. Doch nach und nach rangen ihm die Walliser urbaren Boden ab, heute beliefern sie die ganze Schweiz mit Aprikosen, Erdbeeren, Tomaten, Karotten, Zwiebeln, Gemüsesorten, sowie zahlreichen anderen Früchten. An den sanften Hängen des nördlichen Rhoneufers liegen terrassierte Weinberge, gespickt mit freundlichen Winzerdörfern.

Savoyardische Festen

Nach 10 km grüßt von einem Hügel über **Saxon** (533 m) ein massiger runder Turm, der Donjon ist der letzte Überrest eines ausgedehnten Burgbezirks der Savoyarden aus dem 13. Jh. Um den trutzigen Wächter ranken sich allerlei schaurige Geschichten, ebenso um die aneinander geketteten Skelette, die hier in einem vorgeschichtlichen Grab gefunden wurden. Seine große Zeit erlebte das Dorf im 19. Jh.: Die heute nicht mehr genutzte Heilquelle und etliche Spielcasinos zogen Berühmtheiten aus nah und fern in den Ort, so soll der russische Schriftsteller und notorische Spieler Fjodor Dostojewski hier seinen Mantel verspielt haben.

Saillon

Zwischen den Gemüse- und Obstanbauflächen (s. S. 15) erhebt sich auf einem Felsenhügel am nördlichen Talhang der Rhone Saillon (522 m), eines der besterhaltenen mittelalterlichen Städtchen des Landes. Ein Mauertor führt in die engen, verwinkelten Gassen der steilen, romantischen Altstadt.

Wie Saxon gehörte auch das einst sehr wehrhafte Saillon den Grafen von Savoyen. Ihre mächtige Schlossanlage aus dem 13. Jh. wurde 1475 von den Oberwallisern niedergebrannt, bis heute haben nur der kreisrunde Bergfried Tour Bayart und ein Teil der zinnenbewehrten Stadtmauer überdauert.

Das **Falschmünzermuseum** im Ortskern präsentiert den berühmten Falschmünzer Farinet (s. S. 74), zudem erfährt man alles über Falschgeld (Öffnungszeiten: Mi–So 13–18 Uhr).

Südlich der Stadt lädt ein modernes **Thermalzentrum** mit bis zu 34 °C warmem Wasser zum Kuren und Baden ein. Neben Thermalschwimmbädern verlocken ein Sportbad, Kinderbassin und Planschbecken und vor allem die 71 m lange Rutschbahn (Tel. 027/743 11 11; Öffnungszeiten: tgl. 8–21 Uhr).

Tour 4 Im Obst- und Gemüsegarten

Riddes bis Mayens de Riddes
Die schönen Häuser mit teilweise barocken Fensterfassungen, Mansarden und kunstgeschmiedeten Gittern von **Riddes** (491 m) sieht man leider erst auf den zweiten Blick, zu offensichtlich ist das Dorf vom Durchgangsverkehr geprägt.

Über die Schlucht der Fare erschließt eine Seilbahn das Bergdorf **Isérables** (1116 m). Einem Schwalbennest gleich klebt der Ort – welcher ab Riddes auch über eine Straße erreicht werden kann – am steilen Felshang. Die Bewohner sollen ursprünglich von den Sarazenen abstammen, die während der Völkerwanderung hier durchgezogen sind. Wie die Nachbarsiedlung **Mayens de Riddes** (1500 m) gilt Isérables als idealer Ausgangspunkt für lohnende Höhenwanderungen; als leicht bezwingbarer Gipfel locken die Pierre Avoi (2472 m) mit großartigem Alpenpanorama und Ausblick in den Talkessel von Verbier sowie der Dent de Nendaz (2464 m).

Der Walliser Robin Hood

An der Außenmauer der barocken Pfarrkirche St-Laurent (1740) in Saillon hat **Joseph-Samuel Farinet,** ein Volksheld ganz besonderer Art, seine letzte Ruhe gefunden. 1845 im italienischen Aostatal jenseits den Großen St. Bernhard-Passes geboren und später ins Wallis gezogen, kämpfte Farinet gegen die soziale Ungerechtigkeit.

Zehn Jahre lang verteilte Farinet gefälschte Münzen unter den armen Unterwallisern, seine Zwanzigrappenstücke aus Nickel prägten den »Finanzmarkt« einer ganzen Region, galten sie doch bei der Bevölkerung als stabiler als die Papierwährung der Kantonsregierung. Zeitweise machte das Falschgeld auf dem Markt in Martigny Bourg – zu jener Zeit bedeutendster Handelsplatz der Region – nicht weniger als ein Drittel des gesamten Geldumlaufs aus.

Die Walliser Justiz war jahrelang vergeblich hinter dem Falschmünzer her. Sein letztes Stündlein schlug 1880 in der Schlucht der Salentse bei Leytron, die näheren Umstände seines Ablebens wurden allerdings nie restlos geklärt.

Das ganze Unterwallis trauerte, insbesondere die Frauen, die unverhohlen für den schönen und charmanten Mann geschwärmt hatten. In Vergessenheit geriet Farinet nie, ob er nun als Krimineller oder als Freiheitsheld in der Erinnerung weiterlebte. Zu seinem Ruhm hat vor allem der Roman »Farinet« des Westschweizer Schriftstellers Charles-Ferdinand Ramuz beigetragen.

Doch auch der kleinste Rebberg der Welt sorgt dafür, dass der »Robin Hood des Wallis« unvergessen bleibt: In Saillon gehegt und gepflegt, zählt er gerade einmal drei Weinstöcke und bringt jährlich nicht mehr als einen halben Liter Traubensaft hervor; dieser wird gekeltert mit anderem Wein verschnitten und verkauft, der Erlös fließt – ganz im Sinne des für mehr Gerechtigkeit eintretenden Geldfälschers – wohltätigen Zwecken zu.

Martigny → Saxon → Saillon → Sion   Tour 4

Das Wallis ist bekannt für seine Weiß-und Rotweine

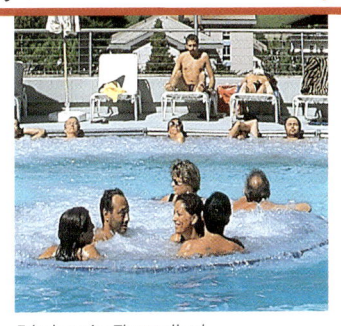

Erholung im Thermalbad

Im Land der Weinberge

Am Fuß der Kalkwand des Ardève liegt nördlich der Rhone das schmucke Winzerdorf **Leytron**. Eine breite Palette von bekannten Walliser Weiß- (Fendant) und Rotweinen (Gamay, Dôle, Pinot Noir) bis hin zu erlesenen, ebenfalls einheimischen Weißweinen wie Dôle Blanc, Malvoisie, Johannisberg, Arvine und Hérmitage sowie Rotweinen wie Humagne Rouge, Shiraz und Cornalin kann man bei einer Weinprobe im **Cave Buchard Pierre & Fils** kosten (Öffnungszeiten: Mo–Sa auf Anfrage, Tel. 027/306 23 36).

Weiter oberhalb liegt der kleine Ferienort **Ovronnaz** (1350 m). Im Winter ist hier vor allem Skifahren angesagt. Wer Entspannung sucht, wird sich in der »Thermalp Les Bains« mit Innen- und Außenbecken (bis 35 °C), Jacuzzi (37 °C) und Restaurant sicher wohlfühlen (Öffnungszeiten: ganzjährig).

Du Grand Muveran,
Tel. 027/305 1616,
Fax 027/305 1619, E-Mail: hotelgrandmuveran@vtx.ch. Hotel-Restaurant mit familiärer Atmosphäre und empfehlenswerter Küche. ○○–○○○

Grand-Muveran,
Tel. 027/305 16 16. Hervorragende Küche, spezialisiert auf Fisch- und Fleischgerichte. ○○

Unweit des Dörfchens **St-Pierre-de-Clages** fällt mitten in den Weinbergen eine wunderschöne *Kirche aus dem 12. Jh. auf. Sie wurde an der Stelle erbaut, wo zu Ehren des Bischofs Florentin, der hier den Märtyrertod erlitten haben soll, bereits im 5. Jh. ein Gotteshaus stand. Das Besondere an dieser Kirche ist nicht allein ihr Alter, sondern die Tatsache, dass der Bau zum Teil im Untergrund steht: Im Laufe der Jahrhunderte haben Rhone und andere Bäche hier so viel Geschiebe abgelagert, dass der Erdboden an den Außenmauern immer höher stieg. Die Kirche mit dem achteckigen Turm gilt zu Recht als Meisterwerk der romanischen Architektur. Zwar vermögen die modernen Glasfenster von Edmond Bille (1948) den Innenraum nur wenig zu erhellen; die drei Schiffe, das Tonnengewölbe und der goldene Tabernakel kommen aber auch im Halbdunkel zur Geltung.

In den behäbigen Weindörfern **Ardon** und **Vétroz** werden die bekannten Walliser Tropfen Fendant (weiß) und Dôle (rot) gekeltert, aber auch die selteneren Sorten wie Amigne und Humagne sowie der duftende Malvasier.

4

Seite 76

Der Talkessel
von *Derborence

Bei Ardon mündet das Bergflüsschen Lizerne in die Rhone, ein lohnender Fußweg (ca. 4 Std.) führt über den westlichen Hang der Lizerne-Schlucht zum wildromantischen Talkessel von Derborence (1500 m) hinauf. Als »einer der wunderbarsten Orte unseres Landes«, wie ein unbekannter Einheimischer Derborence beschrieb, lockt dieser grandiose Ort Wanderfreunde, Naturbegeisterte und Ruhe Suchende an; er kann auch auf einer schmalen Straße mit dem Postautobus ab Sion erreicht werden.

Wo sich anno 1714 die größte Naturkatastrophe der Schweizer Geschichte ereignete, ist einer der letzten Urwälder des Landes entstanden. Dass damals von den Hängen der **Diablerets** über 50 Mio. m³ Gestein in den Talkessel heruntergedonnerten, erklärten sich die Einheimischen zweifelsfrei als ein Werk des Bösen; schließlich heißen die »Diablerets« »Teufelsberge«.

Südlich eines ebenfalls durch den Bergsturz geschaffenen, malerischen Sees hatten die herabstürzenden Felstrümmer zahlreiche Bäume umgestürzt. Die vermoderten Stämme nährten Pflanzen, Sträucher und Jungholz, und unberührt von Menschenhand entstand hier ein kleines Paradies. Auch an die 350 Jahre alte, bis 45 m hohe Nadelbäume mit bis zu 160 cm dicken Stämmen, die den Bergsturz unversehrt überlebt haben, stehen hier noch.

Der heute teilweise undurchdringliche Urwald gilt als einzigartig in der Schweiz und steht seit 1959 unter Naturschutz. Über die vielfältige Vegetation informieren Orientierungstafeln an schmalen Pfaden, die nicht verlassen werden dürfen.

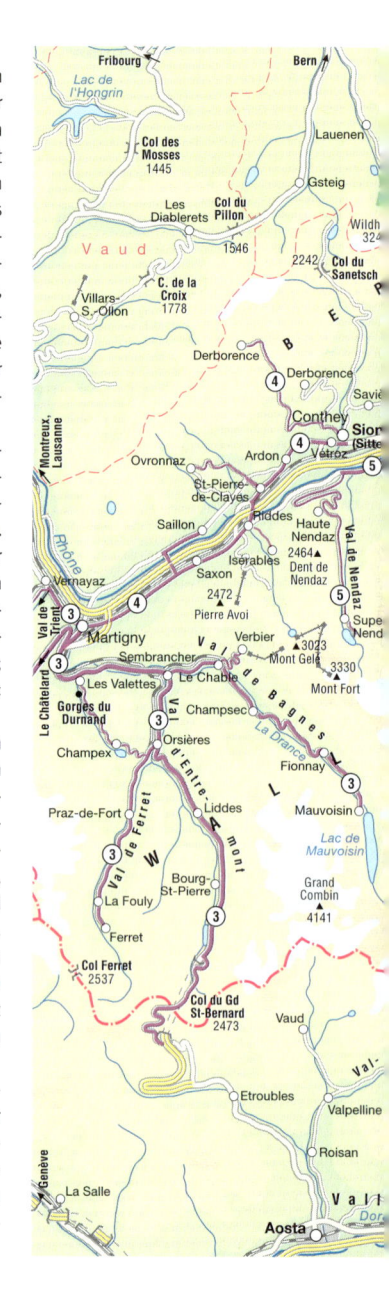

Plan **Touren 3** bis **7**

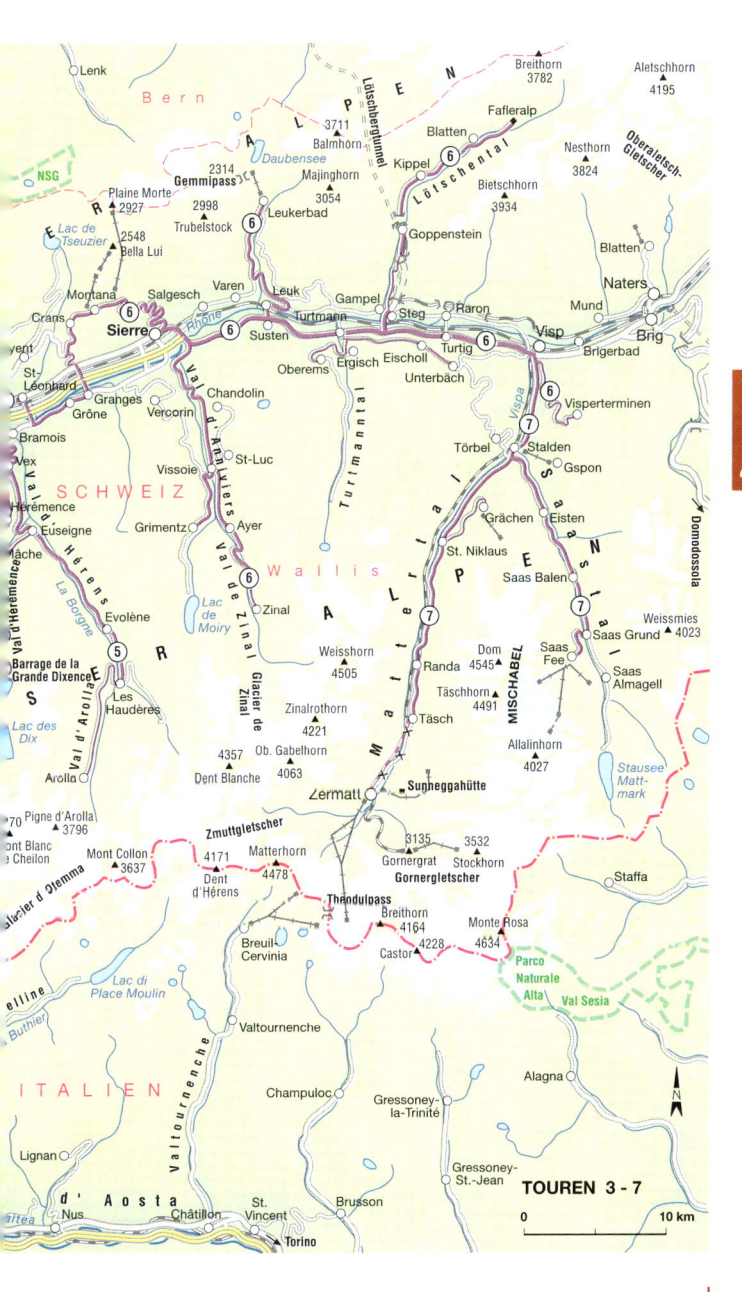

Tour 5

Kuhkämpfe und Gletschergleißen

Sion → Haute Nendaz → *Grande Dixence → Arolla (165 km)

Drei Seitentäler zweigen südlich von Sion ab – und doch ist jedes unverwechselbar. Ins kurze, im Sommer angenehm kühle Val de Nendaz zogen sich die Bewohner von Sion schon zurück, als noch keine Touristenscharen die supermodernen Ferienorte Haute-Nendaz und Super-Nendaz bevölkerten.

Herbe Natur, von eiszeitlichen Gletschern glatt geschliffene Hänge und kleine Roggenäcker prägen das Val d'Hérémence. Überraschend grün präsentiert sich hingegen das Val d'Hérens. Von den mächtigen Gipfeln der Dent Blanche (4357 m) beherrscht, zog das Tal schon früh Alpinisten von nah und fern an. (1–2 Tage)

Im Val de Nendaz

Tipp Wanderer schätzen vor allem die romantischen Pfade entlang der alten berühmten **Bisses** oder **Suonen,** die zum größten Teil noch erhalten sind (s. S. 84). Der bekannteste der hölzernen Bewässerungskanäle ist die 32 km lange Bisses de Saxon, die vom Val de Nendaz bis oberhalb von Sembrancher verläuft (ca. 8,5-stündige Wanderung). Zur Bisse du Milieu und Bisse Vieux (12 km, ca. 3-stündige Wanderung) gelangt man von Haute-Nendaz.

Wintersportort par excellence: Haute-Nendaz

Bis in 1700 m Höhe ziehen sich die fünfzehn Dörfer und Weiler im engen Val de Nendaz. Durch die kleinen Orte Baar und Beuson windet sich die Straße den aussichtsreichen westlichen Talhang empor auf die Hochebene von **Haute-Nendaz** (1252 m). Früher ein idyllisches Bergdorf, hat sich der Ort in den letzten vierzig Jahren zu einem modernen Wintersportzentrum gemausert. Während der über das Rhonetal und Sion bis zur Gipfelreihe der Berner Hochalpen reichende Ausblick wahrlich großartig ist, wird man beim Anblick des Ortes selbst etwas ernüchtert: Mehrstöckige Hotels und Appartement-Häuser erdrücken das alte Dorf.

Wenig rücksichtsvoll wurde auch in **Siviez** (1739 m) gebaut; hier herrschen mächtige Betonbauten vor. Dafür erschließt ein Netz von Bergbahnen perfekt die Pisten am **Dent de Nendaz** (2464 m) sowie das Skigebiet am **Mont Gélé** (3023 m) und **Mont Fort** (3330 m) und bieten direkte Verbindung mit der Wintersportarena von Verbier im Nachbartal (s. S. 72).

Sion → Haute Nendaz → *Grande Dixence → Arolla   Tour 5

Stauseen wie der Lac de Dix dienen vor allem der Energiegewinnung

Office du Tourisme,
1997 Haute-Nendaz,
Tel. 027/289 55 89, Fax 289 55 83.

Aux Vieux Nendaz, Haute-Nendaz, Route de Saviez,
Tel. 0277/288 21 89. Walliser Spezialitäten und frische Forellen; im Sommer sitzt man gern im schattigen Garten. ○○

Das *Val d'Hérémence

Steil bergauf führt die kurvenreiche Straße von Sion ins schroffe Val d'Hérémence. Im Süden ragt stolz die Spitze des Dent Blanche (4357 m) in den Himmel. Zusammengedrängte, sonnengeschwärzte Wohnhäuser mit mehreren Stockwerken, Scheunen, Ställe und auf Stelzen errichtete Vorratsspeicher bilden den Dorfkern von **Hérémence** (1230 m). Kühn kontrastiert zum alten Ortskern die hypermoderne Betonkirche des Architekten Walter Förderer (1971).

Die seit Generationen gepflegten, kargen Böden werden erst durch künstliche Bewässerung fruchtbar, hoch oben werden vereinzelt Maiensässe (Frühlingsbergweiden) bewirtschaftet.

Hinter den ursprünglichen Bergweilern Mâche und Pralong erreicht man über steile Serpentinen im Talschluss den mächtigen Damm des Stausees der ***Grande Dixence.** 1965 eingeweiht, gilt die 284 m hohe Staumauer noch heute als Meisterleistung moderner Technik. Ihre Ausmaße sind mit denen der Cheopspyramide – am Fuß 200 m und an der Krone 15 m tief – vergleichbar. Gespeist wird der Stausee von Gletschern aus einem Gebiet von 360 km², rund 300 km Stollen leiten das Wasser aus dem Val d'Hérens und der Region Zermatt unter etlichen Viertausendern hindurch hierher. Unterirdisch wird das Wasser zu den Kraftwerken im Rhonetal geführt, die jährlich 1600 Mio. kWh Strom produzieren.

Von der Mauerkrone (2364 m, Seilbahn) tut sich ein großartiger Blick auf: Die unwirtliche Szenerie erinnert an Skandinavien, einem Fjord gleich schmiegt sich der **Lac de Dix** zwischen

Seite 76

Tour 5 Kuhkämpfe und Gletschergleißen

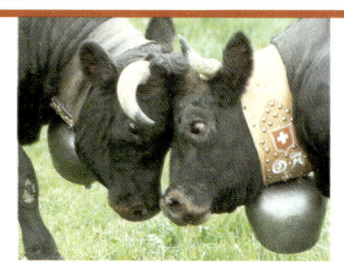

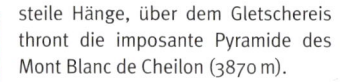

Wer wird die Königin der Eringerinnen?

Das *Val d'Hérens

Auf dem Rückweg zweigt vor Mâche eine kleine Straße ab ins Val d'Hérens (Eringertal). Ganz in der Nähe fallen die bizarren Formen der ***Erdpyramiden** auf, die aus ausgewaschenem eiszeitlichem Moränenschutt entstanden; die Türme, Spitzen und Pyramiden blieben dort stehen, wo Steinplatten kontinuierliche Erosion verhinderten.

Kunstwerke der Natur sind die Erdpyramiden im Val d'Hérens

steile Hänge, über dem Gletschereis thront die imposante Pyramide des Mont Blanc de Cheilon (3870 m).

Der Kampf der Eringerinnen

Seit rund 6 000 Jahren weiden auf den Alpen der Walliser Bergtäler, vor allem im Val d'Hérens – zu deutsch Eringertal – die kleinen schwarzen Eringerkühe. Sie stammen vom Auerochsen ab, und man kennt sie nur im Wallis. Zwar geben sie nur wenig Milch, doch mit ihrer Robustheit, Trittsicherheit und Genügsamkeit passen sie sich hervorragend dem rauen Gebirgsklima an.

Die Eringerkuh hat aber auch noch eine besondere Aufgabe: Sie muss kämpfen. Und wenn sie dies tut, dann zittert der Boden, und der Bauer und das Publikum fiebern mit. Traditionsgemäß messen die Eringerkühe ihre Kräfte im zwar friedlichen, aber überaus spannenden Kampf; das Spektakel artet regelmäßig zu einem Volksfest aus. Nach einer Art Meisterschaft finden zunächst regionale Ausscheidungen statt; die jeweiligen Siegerinnen führen anschließend eine Alpsaison lang ihre Herde an. Alljährlich treffen sich in **Aproz** in der Rhoneebene diese Leittiere, um unter sich die »reine des reines« – die Königin der Königinnen – auszumachen.

Tierschützer können beruhigt sein: Die Eringerin kämpft nur, wenn sie Lust dazu hat; außerdem werden die Kämpfe tierärztlich überwacht, Verletzungen sind selten.

Kuhkämpfe: Ende Juni–September; Austragungsorte und -daten bei **Wallis Tourismus** (s. S. 100).

Sion → *Sierre → **Val d'Anniviers → **Lötschental → Visp   Tour 6

*Evolène

Charakteristisch für das Örtchen (1378 m) sind die mehrstöckigen, mehr als 200 Jahre alten Holzhäuser mit Fassadenmalereien. Ein trauriges Schicksal erlitten jedoch einige neuere Chalets, die von riesigen Lawinen im Frühjahr 1999 weggerissen wurden. Jedes Jahr im Mai ist der Ort Schauplatz der berühmten Kuhkämpfe (s. S. 80).

Pension d'Evolène, Tel. 027/283 11 51, Fax 283 34 34. Kleines, gemütliches Hotel, im Restaurant gibt's typische Walliser Gerichte. ○

Arolla

Zuhinterst im Tal liegt in einem sonnigen Geländekessel Arolla (1998 m), im Mittelalter Etappenziel auf dem Handelsweg vom Rhonetal nach Aosta in Italien. Obschon das bescheidene Dorf zu den ersten Ferienorten in den Alpen zählte – bereits 1872 wurde hier das erste Hotel als Stützpunkt für Hochalpinisten eröffnet –, ist es von Touristenströmen bisher verschont geblieben. Die berühmten Gipfel der Aiguilles Rouges (3464 m), die Pigne d'Arolla (3796 m) und die vollständig von Eis und Firn umschlossene Felsenkuppe des Mont Collon (3637 m) locken nach wie vor, sie sind allerdings erfahrenen Bergsteigern vorbehalten.

Office du Tourisme, 1986 Arolla, Tel. 027/283 10 83, Fax 283 22 70, Internet: www.arolla.com. Vermittelt auch Bergführer.

Du Glacier, Tel. 027/283 12 18, Fax 283 14 97. Gemütliches, ruhiges Familienhotel mit sonnigem Garten. ○

Tour 6

Alte Städtchen und stille Täler

Sion → *Crans-Montana → *Sierre → **Val d'Anniviers → *Leuk → *Leukerbad → **Lötschental → Visp (235 km)

Ausgedehnte Weinberge und Industriegebiete an der Rhone, ursprüngliche Seitentäler, an die Provence erinnernde Vegetation und ewiger Schnee, kulturhistorisch reiche Städtchen wie Sion und Leuk und moderne Fremdenverkehrsorte wie Leukerbad – das mittlere Wallis könnte abwechslungsreicher nicht sein. (3 Tage)

Von Sion nach Granges

Im Ortszentrum von **St-Léonard,** 5 km östlich von Sion, weist ein Schild den Weg zum etwas höher gelegenen ***Lac souterrain.** 300 m lang und bis zu 15 m tief, ist er der größte unterirdische See Europas, steile Stufen führen in die kühle Unterwelt mit bizarren Gesteinsbildungen an Wänden und Decke, ein Boot fährt Besucher über den glasklaren See (Öffnungszeiten: 15. März bis 1. Nov. tgl. 9–17 Uhr).

Bei der Weiterfahrt grüßt rechter Hand auf dem Schwemmland der Dérochia das Schloss von **Grône** aus dem Jahr 1245.

Weitaus jüngeren Datums ist das Happyland im nächsten Ort **Granges,** einer der größten Vergnügungsparks der Schweiz. Für die 60 m lange Riesenrutschbahn, die Achterbahn und

Seite 76

Tour 6 Alte Städtchen und stille Täler

die fliegenden Schiffe sollte man entsprechend standfest sein (Öffnungszeiten: Mitte März bis Ende Oktober tgl. 10–19 Uhr).

*Crans-Montana

Der bekannte Urlaubsort (1500 m) liegt auf der anderen Rhoneseite auf einer windgeschützten Sonnenterrasse. Während Montana noch dörflichen Charakter hat, präsentiert sich Crans ganz als mondäne Stadt. Früher gesundeten hier Lungenkranke, doch längst hat sich der Doppelort zu einem der bestausgestatteten Sommer- und Wintersportzentren entwickelt. Ein weit verzweigtes Wanderwegenetz erschließt kleine Seen, die bewaldeten Hänge und die ***Bella Lui** (2543 m, Seilbahn) mit einer unvergleichlichen Aussicht über das Rhonetal, die Kette der Walliser Hochalpen bis hin zum Mont-Blanc (4807 m). Bergbahnen und Pistengebiet erstrecken sich hinauf zur Plaine Morte (2780–2930 m), wo sich selbst im Sommer noch Skifahrer tummeln.

Weltbekannt sind die weitläufigen **Golfplätze:** Plan-Bramois (18-Loch, über 6 km lang, Handicap obligatorisch) gilt als schönster im ganzen Alpenraum, auswärtige Spieler sind hier ebenso willkommen wie auf den beiden Plätzen Jack Nicklaus (9-Loch, 2600 m, Handicap) und Super-Crans (9-Loch, 815 m). Im Laufe des Jahres finden mehrere berühmte Turniere statt, Auskünfte beim Golf-Club Crans, Tel. 027/485 97 97, Fax 485 97 98.

Crans-Montana Tourismus, Bâtiment Scandia, 3963 Crans, Tel. 027/485 08 00, Fax 485 08 10; Av. de la gare, 3962 Montana, Tel. 027/485 04 04, Fax 485 04 60, www.crans-montana.ch

Beau-Site, Crans, Tel. 027/481 33 12, Fax 481 43 84. Klein, ruhig, familiär, mitten im Grünen und dennoch zentral. Herrliche Alpensicht. ○○

▪ **Le Mont-Paisible,** Montana, Tel. 027/480 21 61, Fax 481 77 92. Familienfreundliche Oase in parkähnlichem Gelände mit Blick auf Rhonetal und Walliser Alpen. Sauna, im Sommer Gartenschwimmbad, Tennis. ○○

Bergerie du Cervin, Montana-Vermala (neben dem Golfplatz), Tel. 027/481 21 80. Gemütlich-gepflegtes Lokal, holzgetäfelt, Walliser und italienische Spezialitäten, feiner Fisch. ○○

▪ **La Cave,** Crans, Tel. 027/481 21 95. Rustikales Lokal, Walliser Küche mit Raclette, Käse- und Fleischfondues. ○○

Hinunter nach *Sierre

Im Lauf der aussichtsreichen Weiterfahrt ins Tal erreicht man **Venthône,** wo das ehemalige Schloss der Vitzume ins Auge fällt. Einige Teile des turmartigen Baus, der weniger eine Festung als vielmehr ein bewehrtes Haus war, standen schon im 13. Jh. Heute dient es als Gemeindehaus, ab und an werden in den alten Gemäuern Weinproben durchgeführt (Tel. 027/455 54 43).

Im halb verfallenen Schlossturm **Muzot** (13. Jh.) in Veyraz, einem Vorort von Sierre, wohnte der Dichter Rainer Maria Rilke einige Jahre bis zu seinem Tode 1926 (Privatbesitz, s. S. 89).

An sanften Rebhängen gelegen, trägt ***Sierre** (Siders, 14 500 Einw., 533 m), das frühere Sirrum amoenum (»liebliches Siders«) zu Recht die Sonne im Wappen – Niederschläge kommen nur selten vor. Zu den Se-

Sion → *Sierre → **Val d'Anniviers → **Lötschental → Visp   Tour 6

Wohnen im Viztumschloss von Sierre

In Salgesch hat der Weinbau Tradition

henswürdigkeiten des mittelalterlichen Städtchens gehört das **Château Bellevue** (1658), ein dreiflügliger stattlicher Bau mit mehreren Türmen und einem schönen Hof mit toskanischen Arkaden. Heute als Rathaus genutzt, beherbergt es eine Sammlung von Zinnkannen und -tafeln (Öffnungszeiten: Mo–Fr 9–11, 15–17 Uhr).

Das **Château des Vidomnes** (Viztumschloss) aus dem 15. Jh. fällt durch seine grelle, braune Farbe und die kurzen runden Ecktürmchen an den vier Dachseiten auf. Der massive, turmartige Bau mit vier Stockwerken dient als Wohnhaus.

Seine letzten Lebensjahre verbrachte der Dichter Rainer Maria Rilke im Wallis (s. S. 59), in Raron wurde er begraben. Bücher, Manuskripte und Fotos aus dieser Zeit bewahrt die Rilke-Stiftung im **Maison de Courten** (Rue de Bourg 30, Öffnungszeiten: Mitte März–Mitte Nov. Di–So 15–19 Uhr).

Im kleinen **Château de Villa** aus dem 16. Jh. wurde das Walliser Reb- und Weinmuseum mit gemütlicher Gaststätte eingerichtet, ein Rebenlehrpfad verbindet es mit dem zweiten Teil des Museums im Zumofenhaus in Salgesch (s. S. 86). Beide Ausstellungen dokumentieren den Walliser Weinbau und dessen Bedeutung in alter und neuer Zeit (Öffnungszeiten: März–Nov. Di–So 14–17, Dez. bis Febr. Fr–So 14–17 Uhr).

Terminus, Rue du Bourg 1, Tel. 027/455 11 40, Fax 455 23 14. Traditionsreiches Haus, zentral gelegen, bekannt für gute Küche. ◐◯

La Grotte, Tel. 027/455 46 46. An eine Felswand gebautes Lokal am Ufer des kleinen Lac de Géronde vor der Stadt; bekannt für Fischspezialitäten. Mo geschl. ◐◯

**Val d'Anniviers

Vorbei am malerischen Lac de Géronde, der im Sommer zum Baden einlädt, geht es auf der anderen Rhoneseite ins landschaftlich überaus reizvolle Val d'Anniviers (Eifischtal) hinauf. Die schmucken Dörfer sind ideale Ausgangspunkte für Bergwanderungen.

Von *St.-Luc (1652 m) wird der Blick frei auf Dent Blanche, Weisshorn und Matterhorn. Auch für Kinder interessant ist der neue Planetenweg von der Bergstation Tignousa zum Hotel

Seite 76

83

Weisshorn, im Planetarium kann man sich einer Führung anschließen.

Das von einem firnbedeckten Gipfelkranz umgebene **Zinal** (1678 m) ist Ausgangspunkt für Hochtouren. Das Haus des alten Zinal von 1768 zeigt eine Wohnung, wie sie für die zwischen Rhonetal und Bergalmen pendelnden Bewohner vor 200 Jahren typisch war (Öffnungszeiten: Juli und Aug. Fr 16–18 Uhr).

Mit seinen eng beieinander stehenden Holzhäusern, wovon die ältesten aus dem 16. Jh. stammen, gilt **Grimentz** (1572 m) als eines der schönsten Walliser Bergdörfer – es wirkt schon fast wie ein Freilichtmuseum. Die engen Gässchen sind autofrei, überall prangt üppiger Blumenschmuck an den gut erhaltenen Holzbauten.

7 km talaufwärts ist über eine Bergstrasse der Stausee **Lac de Moiry** (2249 m) zu erreichen.

> **Office du Tourisme du Val d'Anniviers,**
> La Tour d'Anniviers, 3961 Vissoie,
> Tel. 027/475 13 38, Fax 475 20 82,
> www.anniviers.ch

Grimentz – herrliches Beispiel für traditionelle Holzarchitektur

Die heiligen Wasser

Das Mittelwallis ist die sonnenreichste Region der Schweiz. Doch was dem Feriengast gefällt, kann für jene zu einer Bedrohung werden, die vom Ertrag des kargen Bodens leben müssen. Seit jeher wurden daher die Wiesen, Äcker und Weinberge künstlich bewässert. In mühevoller Gemeinschaftsarbeit legten die Walliser ihre traditionellen Wasserleitungen an, schlugen Gräben ins teilweise unwegsames Gelände und in den felsigen Untergrund und leiteten die »heiligen Wasser« von Quellen, Gletscherbächen und Flüssen in ausgehöhlten Lärchenstämmen über Schluchten und Abgründe zu den dürstenden Hängen.

Das weit verzweigte Kanalnetz dieser **Suonen** (franz. Bisses) maß zeitweise rund 20 000 km! Die einzelnen Felder wurden zu bestimmten Zeiten bewässert, was der demokratisch gewählte Wasservogt überwachte. Und wehe dem, der unrechtmäßig Nachbars Suone anzapfte: Sein guter Ruf war dahin, das Vertrauen der Gemeinschaft in ihn zerstört. Die durch Lawinen, Steinschlag und Unwetter beschädigten Suonen wurden unter Beteiligung der ganzen Dorfbevölkerung regelmäßig repariert – ein gefährliches Unterfangen, welches manches Menschenleben forderte.

Heute hat die Landwirtschaft stark an Bedeutung verloren, der größte Teil des historischen Bewässerungsnetzes ist stillgelegt und droht zu verfallen. Für manche Bergdörfer sind die Suonen jedoch nach wie vor lebenswichtig, und in vielen Seitentälern der Rhone kann man an ihnen entlangwandern. Vorschläge dazu enthält die Broschüre »Les Bisses/Die Suonen«, erhältlich bei den lokalen Verkehrsämtern.

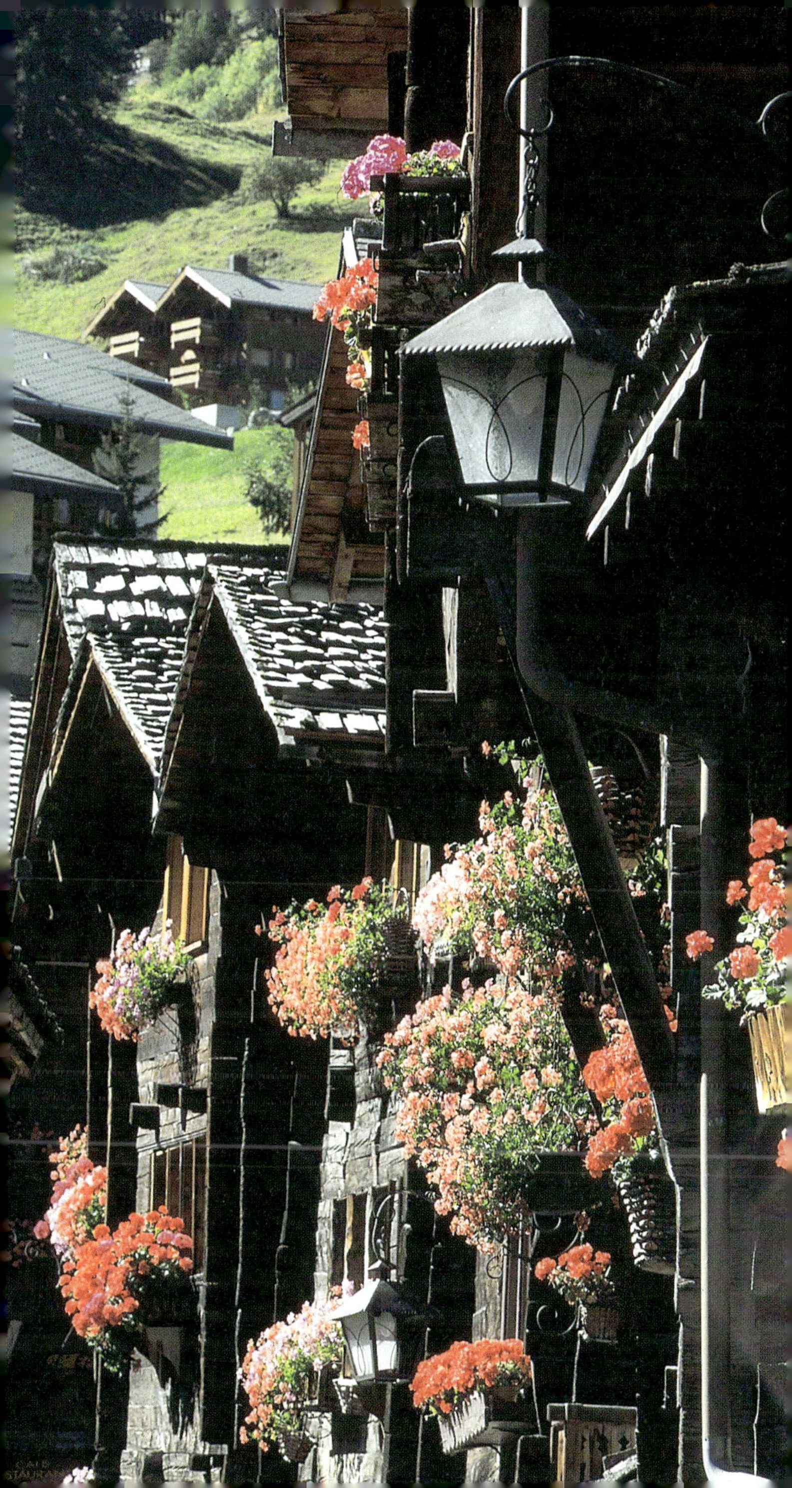

Tour 6 Alte Städtchen und stille Täler

De Moiry, Grimentz, Tel. 027/475 11 44, Fax 475 28 23. Gemütliches kleines Hotel. Spezialität des Restaurants ist Raclette vom Holzfeuer. ○–○○

Durch das Naturschutzgebiet ***Pfynwald** (s. unten) – die Grenze zwischen deutschsprachigem Ober- und französischem Unterwallis – führt die Rhonetalstraße nach Susten.

Tipp Der Weg von Sierre nach Susten folgt über 7 km einem **Rebenlehrpfad** (ca. 3 Std.). Die Vegetation am sonnenverwöhnten, sanft abfallenden Hang erinnert ein wenig an die Provence, in den Winzerdörfern **Salgesch** und **Varen** laden kleine Kellereien zur Degustation ein, so die **Weinhandlung Hugentobler** in Salgesch (Öffnungszeiten: Mo–Fr 8–12, 13.30–18 Uhr, Sa 8.30–11.30 Uhr) oder der **Cave du Chevalier** in Varen (Öffnungszeiten: Mo–Sa 9.30–12, 14.30 bis 18 Uhr).

*Leuk

Am Ausgang der tiefen Dalaschlucht bietet Leuk (747 m) mit Patrizierhäusern (16./17. Jh.) und mittelalterlichen Palastbauten ein beeindruckendes Bild. Unterhalb des Städtchens lohnt der Besuch der **Ringackerkapelle**

Naturreservat Pfynwald

Zwischen Sierre und Leuk hat ein gewaltiger nacheiszeitlicher Bergsturz einen der letzten natürlichen Lebensräume der Schweiz geschaffen: den Pfynwald, größter zusammenhängenden Föhrenwald Mitteleuropas. An den natürlich belassenen Wasserarmen der Rhone bilden Weiden, Schwarzpappeln, Grauerlen, Eschen und Wildkirschen herrliche Auenwälder, auch über 120 – sowohl hochalpine wie mediterrane – Pflanzen, darunter der seltene Frauenschuh, gedeihen hier. Sümpfe, Flachmoore und im Schilf verborgene Tümpel sind die Heimat einer ungewöhnlich reichen Fauna:

Da schwirren und flirren Zikaden, Gottesanbeterinnen, Segelfalter und Neuntöter, sonnen sich Eidechsen, tummeln sich Frösche, Kröten und Molche gleich kolonienweise; Ringelnatter, Schlingnatter, Aspisviper und die äußerst seltene Äskulapnatter schlängeln am Boden entlang. Erst 1977 wurde ein bisher weltweit unbekannter kleiner Pseudoskorpion entdeckt. Zu den rund 130 im Ufergehölz nistenden Vogelarten gehören auch die vom Aussterben bedrohten Flussregenpfeifer und Flussuferläufer.

Leider beeinträchtigen Düngerrückstände, Abgase und Militärübungen das Reservat, das große Engagement der Naturschützer lässt allerdings auf Besserung hoffen. Ein Naturlehrpfad durch den Pfynwald stellt Flora und Fauna vor und lässt auch die drohenden Gefahren nicht unerwähnt, die dazugehörige Broschüre erhält man in den Verkehrsbüros der Region. Das Verkehrsbüro in Sierre (Tel. 027/455 85 35) bietet zudem Führungen (rund 3 Std.).

Sion → *Sierre → **Val d'Anniviers → **Lötschental → Visp   Tour 6

In der Alpentherme in Leukerbad

(1694), eines des schönsten Barockbauten des Kantons.

Das trutzige Bischofsschloss aus dem 13. Jh. war Sommersitz der Bischöfe von Sion; es wurde im 15. Jh. erweitert und beherbergt heute ein **Heimatmuseum** mit je einer alten, schön ausgestatteten Küche und Kammer aus dem alten Leuk (Öffnungszeiten: Sa 14–16 Uhr).

Der wuchtige ehemalige Wohnturm der **Viztume** wurde 1543 von Ulrich Ruffiner umgebaut und mit Türmchen bekrönt. Eine Besichtigung lohnt das Kreuzrippengewölbe im Festsaal sowie die Kassettendecke im Gerichtssaal aus dem 16. Jh. – mit Ausblick auf das Rhonetal (Führungen Juli–Mitte Sept., Di 14.30 Uhr, Rathaus).

In steilen Kurven führt die Straße durch die Weinberge bergauf zur riesigen Parabolspiegel der **Satellitenstation** von Leuk/Brentjong.

*Leukerbad

Durch die wildromantische Dalaschlucht erreicht man schließlich den Wintersport- und Höhenkurort (1411 m), dessen Kalziumsulfat-Quellen schon die Römer schätzten; heute sorgen sie in der größten Thermalbadeanlage der Alpen für Gesundheit und Wohlbefinden. Mehrere Bäder sind öffentlich zugänglich, u. a. das moderne Burgerbad und die Lindner Alpentherme.

Leukerbad Tourismus,
Rathaus, 3954 Leukerbad,
Tel. 027/472 71 71, Fax 472 71 51,
www.leukerbad.ch

Regina Therme, Tel. 027/ 472 25 25, Fax 472 25 26. Ruhige Lage oberhalb des Ortes, großzügige Zimmer, Thermalbad. ○○○
Beau-Sejour, Tel. 027/472 28 00, Fax 472 28 05. Neueres Haus in ruhiger, zentraler Lage, für Familien gibt es Mehrbettzimmer. ○○

Leukerbad ist Ausgangspunkt für Wanderungen und Hochtouren, etwa aufs Torrenthorn (2998 m; ab Seilbahn-Station Rinderhütte ca. 2,5 Std.). Zwischen den fast senkrechten Kalkfelswänden der Gemmiwand schlängelt sich ein bereits 1739–1741 in den Stein gehauener Pfad auf den ***Gemmipass** (2314 m, Bergrestaurant) hinauf (3 Std.); bequemer gelangt man per Seilbahn in wenigen Minuten auf die aussichtsreiche Passhöhe. Hier oben feiert man jeden Juli mit großem Aufwand das Schäferfest (s. S. 24). Den schönen Fußweg vom Gemmipass den idyllischen Daubensee entlang und am Berghotel Schwarenbach vorbei nach Kandersteg im Berner Oberland (ca. 4–5 Std.) legten bereits Alexandre Dumas, Guy de Maupassant und Mark Twain zurück.

Abstecher ins Turtmanntal

Von Susten führt die Rhonetalstraße als schnurgerade Pappelallee nach Turtmann, wo Straße und Seilbahn den Ort **Oberems** (1341 m) erschließen. Von hier aus lohnen Streifzüge

Seite 76

87

Tour 6 Alte Städtchen und stille Täler

durch das wildromantische Turtmanntal. Eine Wohltat an heißen Sommertagen ist die durch schattige Wälder führende Wanderung von Oberems über Hübschweidi, die quirlige Turtmänna und dann die Suone (s. S. 84) von Ergisch entlang zum Dörfchen **Ergisch** (1086 m, Postauto, ca. 2 Std.).

In der **Metzgerei Meyer** in Turtmann hängen die Schinken und Speckseiten noch wie anno dazumal von der Decke. Eine kulinarische Entdeckung sind die zahlreichen phantasievollen Eigenkreationen – etwa Alpenrosen- und Heidelbeer-Würstchen.

Ins **Lötschental

3 km nach Turtmann zweigt die Straße zum Bahnhof Gampel-Steg (Bahn- und Autoverladestation am Lötschberg-Eisenbahntunnel) ab. Durch einen Tunnel gelangt man in eines der unzugänglichsten und zugleich schönsten Walliser Täler: Das von hohen Bergen eingerahmte Lötschental ist im Winter noch heute oft von der Außenwelt abgeschnitten. Seinen ganzen Charme entfaltet es ab Ferden (s. u.), wenn der Langgletscher am Talende zu sehen ist.

Im schmucken Hauptort *Kippel (1376 m) scharen sich rund um die Kirche St. Martin (1779) verwitterte, meist dreistöckige Holzhäuser aus dem 17./18. Jh.; die fast schwarzen Fassaden zieren Schnitzereien, Inschriften und Jahreszahlen. Mit Objekten und Fotografien dokumentiert das Lötschentaler Museum Leben und Arbeit im Tal und zeigt eine alte Bauernstube, Trachten, Masken und Brauchtumsrequisiten (Öffnungszeiten: Mitte Juni bis Mitte Okt. Di–So 10–12, 14–18 Uhr).

Auf einer vom Gletscher ausgeschliffenen Felsbank liegt **Blatten** (1540 m). Der moderne Betonbau der Marienkirche (1985) scheint nicht so recht ins Ortsbild zu passen, doch ist in dem Werk des Architekten Amédée Cachin aus Brig durchaus der traditionelle Baustil des Dorfes wiedererkennbar. Sowohl an Kirchturm, Hauptbau und der breiten Abdachung des Treppenaufgangs sind den Speichern nachempfundene Elemente auszumachen.

Die Straße endet am Fuße mächtiger Berggipfel an der **Fafleralp** (1788 m). Ausschließlich mit Führer begehen sollte man das mächtige Bietschhorn (3934 m), den Aletschgletscher bis zur Konkordiahütte oder das Aletschhorn (4195 m). Jedermann zu empfehlen ist hingegen der Höhenweg von Alp zu Alp hoch über der nördlichen Talflanke nach **Ferden**: Der Blick reicht tief ins Tal, rechter Hand sind die Gipfel des Berner Oberlandes, linker Hand Nest- und Bietschhorn ständige Begleiter, indes im Süden der Turtmanngletscher grüßt (ca. 6 Std.). Wer nur eine Teilstrecke begehen will, gelangt von **Wiler** mit der Luftseilbahn in wenigen Minuten auf die Lauchernalp.

Lötschental Tourismus,
3918 Wiler, Tel. 027/938 88 88, Fax 938 88 80, www.loetschental.ch

Fafleralp, Tel. 027/939 14 51, Fax 939 14 53. Bekanntes und beliebtes altes Holzhaus, schöner Ausblick.

Raron, Visp und Visperterminen

Den Ortskern von **Raron** (642 m) überragt ein Burghügel mit einer spätgotischen *Kirche; diese wurde 1508–1517 von Ulrich Ruffiner aus Steinen der zerstörten Burg errichtet. Die Nord-

Sion → *Sierre → **Val d'Anniviers → **Lötschental → Visp   Tour 6

wand des Schiffes nimmt gänzlich das Fresko »Jüngstes Gericht« ein; an der südlichen Kirchenmauer fand der Dichter Rainer Maria Rilke (1875 bis 1926) seine letzte Ruhestätte. Sein Grabstein trägt sein berühmtes Gedicht: »Rose, o reiner Widerspruch, Lust, niemandes Schlaf zu sein unter so viel Lidern.«

Die Industriestadt **Visp** zeigt ihren Charme erst auf den zweiten Blick. Im leicht erhöhten herrschaftlichen Ortskern gruppieren sich um die barocke Kirche St. Martin und die Burgerkirche (1761) viele, teilweise mit den Wappen alter einflussreicher Visper Geschlechter geschmückte Patrizierhäuser aus dem 16. Und 17. Jh., so das Haus Inalbon mit schönen Treppengiebeln oder das Haus Burgener am Martinsplatz mit zweistöckiger Verbindungsgalerie.

10 km oberhalb von Visp liegt das im Kern noch ganz ursprünglich gebliebene Dörfchen **Visperterminen.** Selbst auf rund 1200 m Höhe gedeihen hier noch Reben auf dem höchstgelegenen Weinberg Europas. Ein schöner Kapellenweg aus dem 17. Jh. führt zur prachtvollen *Marienkapelle (1652) im Wald (1581 m), einer der schönsten Wallfahrtskirchen der Schweiz.

Masken & Prozessionen

Im Lötschental ist traditionelles Brauchtum noch heute lebendig. Zwischen Maria Lichtmess und Aschermittwoch machen die **Roitschäggättä** das Tal unsicher: In zottiges Schaffell gehüllt und hinter mächtigen, aus Arvenholz geschnitzten Masken verborgen schleichen sie durch die Gassen und springen unvermittelt hinter Hausecken hervor. Stöcke und Kuhglocken schwingend, stürmen die Furcht erregenden Gestalten mit riesiger Nase und überdimensionalen Glotzaugen auf den Dorfplatz, kreischend nehmen Jungen und Mädchen Reißaus. Wem die Flucht nicht gelingt, der landet auf einem Schneehaufen oder trägt ein rußverschmiertes Gesicht davon.

Woher die Roitschäggättä – die um 1870 ihres unchristlichen Treibens wegen Bußgeld an die Kirche zahlen mussten – ursprünglich kommen, ist unklar. Am weitesten verbreitet ist die Meinung, dass es sich wohl um einen heidnischen Brauch handelt, mit dem der Winter und die bösen Geister vertrieben werden sollen.

Feierlich ist die Stimmung an Fronleichnam und dem darauf folgenden Segenssonntag. In den prächtigen rot-weißen Uniformen neapolitanischer Garden schreiten die **Herrgottsgrenadiere** durch die Dörfer Kippel und Blatten: Frauen in Sonntagstracht, Männer mit silberbeschlagenen Kreuzen, Blaskapellen und weiß gekleidete Schulmädchen schließen sich der Bittprozession an. Die Hosen und Röcke der Herrgottsgrenadiere sind – samt Bärenfellmütze oder Federbuschhelm, Säbel, Gewehr und Bajonett – Nachbildungen der Uniformen, die im 18. Jh. von den Lötschentaler Bergbauernsöhnen in fremden Kriegsdiensten getragen wurden. Sorgfältig aufbewahrt, werden sie von Generation zu Generation weitervererbt.

Seite 76

Tour 7

Alpine Berühmtheiten

**Visp → Stalden → *Grächen
→ **Zermatt → **Saas Fee (105 km)**

Wer Zermatt hört, dem steht eine großartige Hochgebirgslandschaft vor Augen. Einer Sphinx gleich ragt die markante Felspyramide des Matterhorns aus dem Gletschereis empor. Der berühmteste Schweizer Berg hat den Ruf des ebenfalls berühmtesten Ferienortes des Wallis, wenn nicht gar der ganzen Schweiz, begründet.

Auch Saas Fee, die »Perle der Alpen«, bietet alles, was das Herz des Bergfreundes höher schlagen lässt. Nicht weniger attraktiv als die beiden berühmteren Nachbarn ist Grächen am Fuß des gewaltigen Mischabelmassivs. (2 Tage)

Das Vispertal

Ausgangspunkt für den Besuch des Vispertals mit seinen beiden Ablegern Matter- und Saastal ist Visp (s. S. 89). Dem Lauf der Vispa folgend, führen Bahn und Straße zuerst in den Geländesattel des windgeschützten Bergdorfes **Stalden** (799 m), wo sich die alten Häuser auf mehreren Stufen eng aneinander drängen. Eine Kabinenbahn erschließt die Weiler Staldenried und Gspon (1893 m); hier beginnt eine einfache Wanderung auf den Spuren der Walser (s. S. 16) hoch über dem Saastal nach Saas Grund (4 Std.). Südlich von Stalden überspannt der 85 m hohe **Kienviadukt** die Mattervispa, ein kühner Zeuge alter Ingenieurskunst aus dem Jahr 1544. Hier verzweigt sich die Straße: Linker Hand führt sie ins Saastal, rechter Hand – wie auch die Bahn – ins Mattertal.

Im Mattertal

Über Kalpetran und die Kipfschlucht gelangt man nach **St. Niklaus** (1130 m). Im Meierturm – er stammt aus dem 13. Jh. und ist vermutlich das älteste Gebäude der Region – ist ein Bergführer-, Heimat- und Mineralienmuseum untergebracht (Öffnungszeiten: Mo–Sa 8–12, 14–18 Uhr).

*Grächen

Ein lohnender Abstecher führt hinauf auf die Sonnenterrasse von Grächen (1619 m), mit rund 550 mm Niederschlag pro Jahr trockenster Ort der Schweiz. Die ursprüngliche Landschaft mit wunderschönen Bergwäldern hat das Bergdorf winters wie sommers zu einem beliebten Ferienort gemacht. Im Norden erheben sich die Riesen der Berner Alpen – Eiger, Mönch und Jungfrau –, Bietsch- und Aletschhorn, im Süden grüßen die Gipfel rund um Zermatt, darunter das gleißende Weisshorn und die berühmte Pyramide des Matterhorns. Das weitläufige Wanderwegnetz erschließt u. a. die **Hannigalp** (2114 m) und das **Seetalhorn** (2865 m), beide sind auch mit der Gondelbahn zu erreichen. Ein herrlicher, einfacher Höhenweg zieht sich von der Hannigalp (Restaurant) an den Hängen des Saastals entlang bis nach Saas Fee (ca. 6 Std., zurück mit dem Postauto).

Im gut erhaltenen Ortskern von Grächen bewahrt die **Pfarrkirche** (1433) drei barocke Schnitzaltäre aus der Schule des Gommer Künstlers Jo-

Visp → Stalden → *Grächen → **Zermatt → **Saas Fee   Tour 7

Mächtige Viertausender bestimmen die Kulisse von Grächen

hann Ritz. Am Dorfplatz erinnert eine Gedenktafel an den berühmtesten Sohn der Gemeinde: 1499 im benachbarten Weiler Blattu geboren, war dem Jungen Thomas Platter das Ziegenhüten nicht Lebensinhalt genug. Er brachte sich selbst Latein, Griechisch und Hebräisch bei, reiste später durch halb Europa, geriet in Zürich unter den Einfluss des Reformators Ulrich Zwingli und wirkte als Rektor des humanistischen Gymnasiums in Basel. Der Bergbub wurde zu einem der bedeutendsten Humanisten seiner Zeit.

Tourismusbüro, 3925 Grächen, Tel. 027/955 60 60, Fax 955 60 66, www.graechen.ch

Des Alpes, Tel. 027/955 23 00, Fax 955 23 15. Im Chaletstil, sonnig und ruhig. Kinderbetreuung, gemütliches Restaurant. ○

Von St. Niklaus führt die Straße durch das enge Tal der Matter-Vispa an den sympathischen kleinen Ferienorten Heerbriggen und Randa vorbei, sie endet in **Täsch** (1449 m), 6 km vor Zermatt. Nun heißt es umsteigen in die Schmalspurbahn (alle 20 Min.), denn Zermatt ist autofrei (gebührenpflichtige Parkplätze in Täsch).

**Zermatt

Ob es tatsächlich der berühmteste Ferienort der Welt ist, wie viele behaupten, oder nicht: Zermatt (1616 m, 5600 Einw.) ist jedenfalls ein absolutes Muss für jeden Wallis-Reisenden! Weite Arven- und Lärchenwälder kontrastieren mit den grünen Matten, darüber beherrscht ein Gipfel- und Gletscherkranz die Szenerie: Rund um den Ort erheben sich nicht weniger als 33 der 38 Schweizer Viertausender, darunter die Dufourspitze – mit 4634 m die höchste Erhebung der Schweiz –

Seite 76

Tour 7 Alpine Berühmtheiten

In Zermatt dreht sich fast alles ums Matterhorn

im Monte-Rosa-Massiv und natürlich das ****Matterhorn** (4478m), das Wahrzeichen des Ortes.

Seit jeher ist Zermatt Quartier der Hochalpinisten; wer es gemütlicher mag, nutzt das ausgedehnte Wanderwegenetz und die vielen Seilbahnen. Zahlreiche Skilifte machen das Gebiet zum beliebten Wintersportort, auf dem Theodulgletscher und am Plateau Rosa frönt man gar im Sommer dem Skisport. Mit den steigenden Touristenzahlen ist Zermatt zu einer richtigen Bergstadt geworden. Doch im Gegensatz zu manch anderen alpinen Fremdenverkehrszentren hat man hier die Bauten harmonisch in die Landschaft eingefügt.

An der weiten Bahnhofstraße wechseln sich Hotels, Luxusboutiquen und Souvenirläden ab. Elektromobile oder -schlitten fahren die Gäste durch den Ort, man lässt sich auf den Restaurant-Terrassen die Sonne ins Gesicht scheinen, abends und nachts locken Bars und Diskotheken. Neben der Post dokumentiert das **Alpine Museum** die Erschließung der Walliser Täler, zeigt frühgeschichtliche Funde, altes Mobiliar und Mineralien und stellt die einheimische Flora und Fauna vor (Öffnungszeiten: Mai–Nov. tgl. 10–12, 16–18 Uhr, Dez. bis April So–Fr 16.30–18.30 Uhr).

Gegenüber dem Hotel »Mont Cervin & Residence« steht das Denkmal für Alexander Seiler und seine Frau Katharina: Der Ahnherr einer weltbekannten Hotelierdynastie hatte 1839 das Bergsteigerhotel »Monte Rosa« und in den folgenden Jahren weitere Häuser eröffnet und damit entscheidend zum Aufstieg Zermatts als Fremdenverkehrsort beigetragen.

Zermatt Tourismus,
Bahnhofplatz, 3920 Zermatt,
Tel. 027/966 81 00, Fax 966 81 01,
www.zermatt.ch

Monte Rosa, Bahnhofstraße,
Tel. 027/966 03 33,
Fax 966 03 30. Berghotel-Atmosphäre seit 1839. Speisesaal im Stil der Jahrhundertwende. ○○○
Romantica, Bahnhofstraße,
Tel. 027/966 26 50, Fax 966 26 55.
Ruhiges, kleines, familiär geführtes Hotel garni in altem Walliserhaus mit schönem Garten. ○○

Viktoria, beim Bahnhof,
Tel. 027/966 28 66. Gemütliches Lokal mit Terrasse. Walliser und italienische Spezialitäten, feine Fleisch- und Fischgerichte, hervorragende hausgemachte Suppen. ○○

Umgebung von Zermatt

Eine der atemberaubendsten Rundsichten bietet im Fels- und Eismeer zwischen Zermatt und dem Grenzkamm zu Italien der ****Gornergrat** (3131 m). Schon die Anfahrt ist ein Erlebnis: In 50 Min. steigt ab Zermatt Europas höchstgelegene, frei im Gelände angelegte Bahn – 1898 als erste elektrische Zahnradbahn der Schweiz eingeweiht – über die Riffelalp und das ausgedehnte Skigelände Riffelberg bergan. Berge und Gletscher kommen näher und näher, immer imposanter baut sich die Pyramide des Matterhorns auf. Hoch über dem Gornergletscher geht es schließlich der Endstation zu.

Das Panorama bleibt unvergesslich: Über sieben gleißenden Eisströmen ragen in allen Himmelsrichtungen zum Greifen nah die Viertausender auf: Die Sicht reicht vom Kleinen Matterhorn und dem wuchtigen Breithorn zu den Zwillingsbergen Castor und Pollux im Süden und der Mischabelgruppe mit dem majestätischen Dom im Norden.

Ein großartiges Panorama auf den Talkessel von Zermatt bietet auch das Wander- und Skigebiet **Sunnegga** (2288 m; unterirdische Standseilbahn). Zahlreiche Hochtouren sowie gemütliche Spaziergänge lassen sich von hier unternehmen; besonders empfehlenswert ist der Höhenweg hoch über dem Mattertal nach Täsch (3,5 Std.), s. S. 91.

Im Saastal

Von Stalden geht es ins enge Tal der Saaser Vispa. **Eisten** gilt mit seinen dunkelbraunen Häusern, dem weißen Kirchlein und den steilen Gärten als schönster Fleck des Saastales.

Die schönste Felspyramide auf Erden

Das »Hore«, wie die Einheimischen das **Matterhorn** nennen, ist ohne Zweifel der berühmteste und meistbegangene Gipfel im Alpenraum. Über 100 000 Alpinisten haben ihn bereits erklommen; in den letzten Jahren waren es jährlich rund 3000.

Mitte des 19. Jhs. war das Matterhorn der letzte noch unbesiegte Viertausender weit und breit. Edward Whymper, ein hartnäckiger Brite, versuchte ganze sieben Mal vergeblich, den »König der Berge« zu bezwingen. Sein achter Versuch sollte glücken: Am 14. Juli 1865 um 13.42 Uhr gelang seiner siebenköpfigen Seilschaft die Erstbesteigung des Matterhorns. Doch sein Triumph wurde zur Tragödie. In Anbetracht der vorgerückten Stunde mussten die Männer möglichst rasch absteigen, um nicht vom Einbruch der Dunkelheit überrascht zu werden. In der Eile glitt einer der Engländer aus, stürzte zu Tode und riss drei der angeseilten Kameraden mit sich. Dass Whymper und zwei der Führer am Leben blieben, verdankten sie einem Riss im Seil.

Die Nachricht vom Sieg und Tod am Matterhorn ging schnell um die ganze Welt. Doch statt sich von dem tragischen Unglück abschrecken zu lassen, reisten die Alpinisten jetzt noch vermehrt an. 1879 wurde der Berg erstmals über den Zmuttgrat bestiegen, 1922 gelang der Aufstieg über den Furgg-Grat. 1927 wurde die Westwand, 1931 die vereisten Hänge der Nord- und Südwand und 1932 schließlich die Ostwand bezwungen. Dass das Matterhorn bis heute ein Refugium der Hochalpinisten blieb, verdankt es unzähligen Protestschreiben aus aller Welt, die vor rund fünfzig Jahren die Pläne italienischer Unternehmer, den Gipfel mit einer Bahn zu erschließen, vereitelten.

Tour 7   Alpine Berühmtheiten

Gletschertour bei Saas Fee

Saas Grund
Kaum ein Dorf in den Alpen wurde im Laufe der Jahrhunderte von mehr Unglücken heimgesucht: Regelmäßig verschütteten Lawinen das Tal, im Mittelalter wütete die Pest, und immer wieder überschwemmten die Fluten des Mattmarksees (2123 m) – heute durch eine Staumauer gesichert – den Ort. Ein ehemaliger, jahrhundertelang bedeutender Saumweg führt über den Monte-Moro-Pass (2862 m) nach Macugnaga in Italien; die Ausblicke in die Bergwelt sind unvergleichlich (6 Std.).

**Saas Fee
Das weltberühmte Feriendorf (1790 m) mit Ausblick auf nicht weniger als 28 Gletscher wurde bereits Ende des 19. Jhs. als »Perle der Alpen« gerühmt. Und obwohl sich die Winter- und Sommergäste in Scharen in den Gletscherort einfinden, ist der Bummel durch das ursprünglich gebliebene Dorf ein Genuss: Motorbetriebene Fahrzeuge sind seit langem aus dem Dorfkern verbannt. Zu den dunkelbraunen Holzhäusern und etlichen neueren, jedoch im traditionellen Stil errichteten Wohnbauten gesellen sich alte, auf Stelzen gebaute Stadel und Speicher.

Das **Saaser Museum** (Öffnungszeiten: Juni–Okt. Mo–Sa 10–11.30, 13.30 bis 17.30 Uhr, Do geschl., Nov.–Mai Mo–Fr 14–17 Uhr) zeigt alte Möbel, sakrale Kunstobjekte, Sportgeräte aus der Anfangszeit des Tourismus und das Original-Arbeitszimmer von Carl Zuckmayer, der in Saas Fee seine zweite Heimat (s. S. 59) und auf dem Dorffriedhof seine letzte Ruhe fand.

Auf Zuckmayers Spuren begibt man sich auch auf dem **Literatur-Wanderweg.**

Tipp Der berühmte *Kapellenweg führt von Saas Grund nach Saas Fee (gut 1 Std.). In 15 Rosenkranzkapellen (1707–1710) stellen rund 100 holzgeschnitzte Figuren Szenen aus dem Leben Jesu dar, Glanzpunkt ist der prächtige Altar der Kapelle »Zur Hohen Stiege«.

In wenigen Minuten saust die **Metro Alpin** unterirdisch vom Felskinn (3000 m) hinauf in die gleißende Gletscherwelt des Mittelallalin (3445 m), wo selbst im Hochsommer Skisaison ist. Im Eispavillon an der Bahnstation bekommt man schon einen Vorgeschmack auf diese kühle Welt.

Saas-Fee Tourismus,
3906 Saas Fee,
Tel. 027/958 18 58, Fax 957 18 60.

Etoile, Tel. 027/958 15 50, Fax 958 15 55. Klein, aber fein: Animation und persönliche Betreuung in gemütlichem Ambiente; Bergsicht, Sauna, großer Garten. ○○

Feehof, Tel. 027/957 23 08, Fax 957 23 09. Einfaches Haus mit rustikalem Charme am Dorfrand. ○○

Carl Zuckmayer-Stube, Tel. 027/957 21 75. Im Hotel Gletschergarten untergebracht, mit großer Sonnenterrasse; Walliser Gerichte, Fleischfondues, Fischgerichte. ○○

Tour 8

Im Tal der jungen Rhone

**Gletsch → Münster → Fiesch
→ *Aletschgebiet → *Brig
→ Simplonpass (110 km)**

Wo die Rhone noch in den Kinderschuhen steckt, heißt das Rhonetal Goms und der Fluss Rotten. Gletscherfarben eilt das Wasser übermütig vom Rhonegletscher zu Tal, vorbei an schmucken Dörfern mit sonnenversengten Häusern und reich ausgestatteten Kirchen und Kapellen. Warum nicht mal mit Langlaufskiern oder dem Rad von Ort zu Ort ziehen – hier sind die Voraussetzungen dafür bestens. Hoch über dem unteren Goms zieht sich das silberne Band des mächtigen Aletschgletschers dahin. (3 Tage)

Im Goms

Wo noch zu Beginn des 20. Jhs. die Zunge des Rhonegletschers den Talboden ausfüllte, stehen die wenigen Häuser des Ortes **Gletsch** (1759 m). Heute blinkt der Gletscher von den Hängen des Galenstocks; von hier aus schickt er den Fluss auf seine lange Reise zum Mittelmeer.

Glacier du Rhône, Gletsch, Tel. 027/973 15 15, Fax 973 29 13. Historisches Haus (eröffnet 1835), mit kostbaren Möbeln, Walliser Kunsthandwerk und Dokumenten über die Erforschung des Rhonegletschers schon fast ein Heimatmuseum. ○

Tipp Unvergessliche Eindrücke beschert eine **Drei-Pässe-Fahrt** über Grimsel, Furka und Susten, die man ab Gletsch gemütlich mit dem Postauto unternehmen kann.

Während sich ganz oben im Goms das zwischen mächtigen Bergmassiven eingeengte Hochtal noch unwirtlich präsentiert, fällt die kurvenreiche Straße bald in lieblichere Gefilde ab.

Oberwald (1370 m) ist das erste Dorf an der noch ungestümen Rhone: typische Holzbauten – Wohnhäuser, Stadel und Stallscheunen – aus dem 17. und 18. Jh. lohnen einen Halt.

Tipp Der **Rottenweg** von Oberwald über Ernen (26 km) bis Brig lädt ein, das Goms radelnd zu erkunden. Fahrräder kann man am Bahnhof Oberwald (Tel. 027/973 11 41) mieten, Rückgabe in Fiesch oder Mörel.

Münster (1388 m) ist der Hauptort des Goms. In eine Mulde der Talflanke geschmiegt, beeindruckt das schmucke Dorf ebenso wie der Nachbarort mit engen Gässchen und verwitterten Holzhäusern. Die 1309 erstmals erwähnte romanische Kirche »Unserer Lieben Frau« zählt zu den bedeutendsten Walliser Baudenkmälern, der kostbar geschnitzte und goldverzierte Hochaltar von 1509 zu den schönsten in der Schweiz.

Croix d'Or & Poste, Tel. 027/ 973 11 10, Fax 973 25 81. Traditionsreiche Gastfreundschaft seit 1620. Günstige Pauschalangebote. ○

Im weiten Wiesental des unteren Goms liegt **Blitzingen.** Sehenswert sind der nach einem Brand 1932 einheitlich wieder aufgebaute Dorfkern sowie die Pfarrkirche mit dem großartigen Altar von Johann Ritz.

Seite 99

Über Niederwald, das besterhaltene Gommer Dorf, gelangt man nach **Fiesch** (1050 m). Steigen Sie in die Seilbahn und schweben Sie hinauf zum ****Eggishorn** (2927 m), dem schönsten Aussichtsgipfel weit und breit. Das Panorama reicht über Berner und Walliser Alpen bis zum Aletschgletscher und zum oberen Rhonetal. Ein einmaliges Erlebnis ist auch eine Fahrt zum Sonnenaufgang; erkundigen Sie sich nach den frühesten Abfahrtszeiten.

Fiesch-Fieschertal Tourismus,
3984 Fiesch, Tel. 027/970 60 70, Fax 970 60 71, www.fiesch.ch.

Abstecher ins Binntal

Auf einer Hangterrasse über dem tief eingeschnittenen Bett der Rhone thront das idyllische Dorf ***Ernen** (1200 m), einst wichtiger Marktflecken auf dem Weg über den Albrunpass nach Italien. Herrschaftliche, teilweise mit Malereien geschmückte Bürgerhäuser (15. bis 18. Jh.) zeugen von jenen Zeiten, z. B. das Tellenhaus (1576) mit Fresken, welche die Legende von Wilhelm Tell darstellen. Die reich ausgestattete romanische Kirche St. Georg ist im Juli/Aug. Schauplatz der berühmten Musikfestwochen (s. S. 24).

Verkehrsbüro, Dorfplatz,
3995 Ernen, Tel. 027/971 15 62, Fax 971 35 43, www.ernen.ch

Nicht nur wegen seiner spektakulären Mineralienfunde hat sich das abgeschiedene ***Binntal** südlich von Ernen einem Namen gemacht. Der überaus reichen, seltenen Flora wegen wird das ganze Tal im »Bundesinventar der Landschaften und Naturdenkmäler von nationaler Bedeutung« geführt.

Binntal Tourismus,
3996 Binn, Tel. 027/971 45 47, Fax 971 45 78.

Ofenhorn, 3996 Binn, Tel./Fax 971 45 45. Traditionsreiches Haus von 1883, gemütliches Restaurant; in der Dépendance das Binner **Heimatmuseum** (Öffnungszeiten: Juni–Okt. während Betriebszeit Hotel). ○

Das Aletschgebiet

Betten (1200 m), weiter rhoneabwärts, ist Talstation der Kabinenbahn auf die ***Bettmeralp;** von Mörel, 3 km weiter erschließt eine Seilbahn die sonnige Hochterrasse der benachbarten **Riederalp** (1950 m). Früher Alpsiedlungen, sind die beiden autofreien Dörfer längst zu beliebten Ferienorten geworden. Das Alpmuseum auf der Riederalp dokumentiert in einer Hütte von 1606 die Alpwirtschaft von anno dazumal. Öffnungszeiten: Mitte Juni bis Mitte Okt. Di, Mi, Do; genaue Zeiten wechseln gemäß diverser Vorführungen, z. B. Butterherstellung, im Museum. Auskunft: Riederalp Tourismus (s. S. 97), www.alpmuseum.ch.

An den sonnigen Hängen des Aletschgebiets wird in der kalten Jahreszeit Wintersport getrieben, im Sommer und Herbst lädt das gut markierte Wanderwegenetz zu lohnenden Erkundungen ein. Eine der schönsten Routen des ganzen Kantons führt – von Bettmer- oder Riederalp aus – zum ***Aletschgletscher.** Mit rund 24 km Länge und einer Fläche von 86 km^2 ist er der mächtigste Gletscher der Alpen, sein silbernes Band zieht sich zu Füßen majestätischer Drei- und Viertausender dahin. Das letzte Drittel der Wanderung führt durch das einzigartige Naturschutzgebiet

Gletsch → *Aletschgebiet → *Brig → Simplonpass **Tour 8**

*Aletschwald, dessen älteste Bäume über 800 Jahre alt sind, und weiter auf die Riederfurka und zum Naturschutzzentrum in der Villa Cassel (s. u.).

Riederalp Tourismus, 3987 Riederalp, Tel. 027/928 60 50, Fax 928 60 51, www.riederalp.ch; **Bettmeralp Tourismus,** 3992 Bettmeralp, Tel. 027/928 60 60, Fax 928 60 61; www.bettmeralp.ch.

Adler, 3987 Riederalp, Tel. 027/927 10 10, Fax 927 32 63. Herrliche Aussicht, Skilift und Wanderweg neben dem Haus. Mit Restaurant. ○○
Panorama, 3992 Bettmeralp, Tel. 027/927 13 75, Fax 927 38 75. Kinderfreundliches Haus. Panoramablick auf die Viertausender. ○○

*Brig

Am Fuß des Simplonpasses liegt der Oberwalliser Hauptort Brig (681 m, 4000 Einw.), bereits seit Jahrhunderten wichtiger Verkehrsknotenpunkt. In den verwinkelten Gassen der autofreien Altstadt verspürt man schon etwas

Einst Sommerresidenz, heute Naturschutzzentrum: die Villa Cassel auf der Riederfurka

südliches Flair. Wuchtige, teilweise aufwändig verzierte Patrizierhäuser aus dem 16./17. Jh. spiegeln die einstige Bedeutung des Ortes wider. Schon von weitem sichtbar sind die zwiebelförmigen Turmhauben des ****Stockalperpalasts.** Bauherr war der international erfolgreiche Kaufherr Kaspar Stockalper vom Thurm (1609–1691),

Naturschutzzentrum Villa Cassel

In der ersten Hälfte des 20. Jhs. empfing der englische Bankier Sir Ernest Cassel in seiner schlossähnlichen Sommerresidenz auf der Riederfurka adlige Häupter aus ganz Europa, heute wird hier anschaulich die spannende Geschichte des Naturschutzgebietes Aletschwald dokumentiert (Öffnungszeiten: Mitte Juni–Mitte Okt. tgl. 9–18 Uhr). So erfährt man, in welchen Zeiträumen sich der Aletschgletscher wo zurückgezogen hat, welchen Pflanzen und Tieren er im Laufe der Zeit Platz gemacht hat, und warum man nicht überall die gleiche Flora und Fauna vorfindet. Außerdem werden hier wissenschaftliche Forschungen betrieben. Auf Wunsch kann man sich durch die Ausstellung, den Alpengarten oder gar das Naturschutzgebiet Aletschwald führen lassen; eine frühzeitige Anmeldung wird empfohlen (Tel. 027/928 62 20).

bekannt als »König vom Simplon«. Da er zudem Straßen, Brücken und Hospize erbauen ließ, flossen auch alle Weg- und Brückenzölle in seine Kassen. Sein 1658–1678 von den Brüdern Bodmer von Prismell errichteter Palast gilt noch heute als bedeutendster barocker Bau des Landes.

Wo jetzt Gericht und Ratsherren tagen, lagerten einst Eisen, Kupfer, Gold, Seide, Salz und Wein. Umgeschlagen wurden die Waren im prachtvollen, von mehrgeschossigen toskanischen Arkadengalerien gesäumten Hof, im Sommer heute stilvoller Rahmen für klassische Konzerte und Theateraufführungen.

Das **Schlossmuseum** zeigt eine Ausstellung zur Geschichte der Stockalper-Dynastie (Öffnungszeiten: Mai bis Okt., Führungen mit Palastbesichtigung Di–So 10, 11, 14, 15, 16 Uhr, Juni bis Sept. auch 17 Uhr). Wenige Schritte weiter stehen das 1663–1673 auf Stockalpers Vorschlag von den Brüdern Bodmer erbaute **Jesuiten-Kollegium** und die dazugehörende Spiritus-Sanctus-Kirche (1675–1685).

Verkehrsbüro, Bahnhof, 3900 Brig, Tel. 027/921 60 30, Fax 921 60 31, www.brig.ch.

Ambassador, Saflischstr. 3, Tel. 027/922 99 00, Fax 922 99 09. Traditionsreiches Haus nahe dem Bahnhof. ○

Central, Gliserallee 50, Tel. 027/923 50 20, Fax 923 50 61. Heimeliges Familienhotel am Beginn der Altstadt, Terrassenrestaurant. ○

Schlosskeller, Alte Simplonstraße 26, Tel. 027/923 33 52. Mittelalterliche Romantik: Die Säle liegen im Stockalper-Palast. Französisch angehauchte Feinschmeckermenus, gute Weine. Mo geschl. ○○

Du Pont, Marktplatz 1, Tel. 027/923 15 02. Französische Küche, Walliser Spezialitäten und Forellen. ○○

Im **Hof Wickert** (Wickertweg 199) gibt es den besten Berg- und Hobelkäse weit und breit.

Ausflüge von Brig

Im Bergdörfchen **Mund** (1167 m) hoch über dem Rhonetal gedeiht die einzige Safran-Kultur nördlich der Alpen. In guten Jahren wiegt die gesamte Ernte höchstens 3,5 kg! Der Preis ist entsprechend hoch: Ein kg kostet rund 12 000 sfr. Wer es sich leisten kann, ersteht bei »Munder Safran Geist« den bittersüßen, teuren Safran-Digestiv, eine kulinarische Offenbarung.

Von Brig-Naters geht es hinauf ins hübsche Bergdorf **Blatten** (1322 m), Ausgangspunkt der Seilbahn zum autofreien Wintersportort *****Belalp** (2091 m). Vom **Hotel Belalp** (Tel. 027/924 24 22, Fax 924 30 95, ○○) hat man einen einzigartigen Blick auf den Großen Aletschgletscher.

Über den Simplonpass

Zwei Jahrtausende lang war der ****Simplonpass** von großer politischer und wirtschaftlicher Bedeutung: Zwischen Brig und dem italienischen Domodóssola zogen schon die Römer, im Mittelalter folgten Händler und Pilger, Stockalper baute die wichtige Handelsverbindung aus und errichtete auf der Passhöhe ein Spital, auch Napoleon überquerte mit seinem Heer den Pass.

Die heutige Straße über Viadukte und durch Tunnels ist auch im Winter befahrbar. Auf der Passhöhe (2006 m) schweift der Blick über eine großartige Gebirgsszenerie. Das 1811 von Na-

Gletsch → *Aletschgebiet → *Brig → Simplonpass   Tour 8

poleon gegründete Simplon-Hospiz wird von Mönchen des Großen St. Bernhard unterhalten, unterhalb der Straße erhebt sich der Stockalperturm (17. Jh.) des gleichnamigen Hospizes.

🎁 In Simplon-Dorf sollten Sie Proviant einkaufen: Das berühmte Roggenbrot der **Bäckerei Arnold** hält sich Wochen.

Durchs Tal der wilden Diveria zieht sich die Straße die tiefe, 5 km lange **Gondoschlucht** entlang. Im kleinen, bereits italienisch anmutenden Bergdorf Gondo ist die Landesgrenze erreicht. Die Weiterfahrt nach **Domodóssola** lohnt sich besonders am Samstag, wenn sich die Gassen und Plätze der Altstadt in einen farbenprächtigen Marktplatz verwandeln.

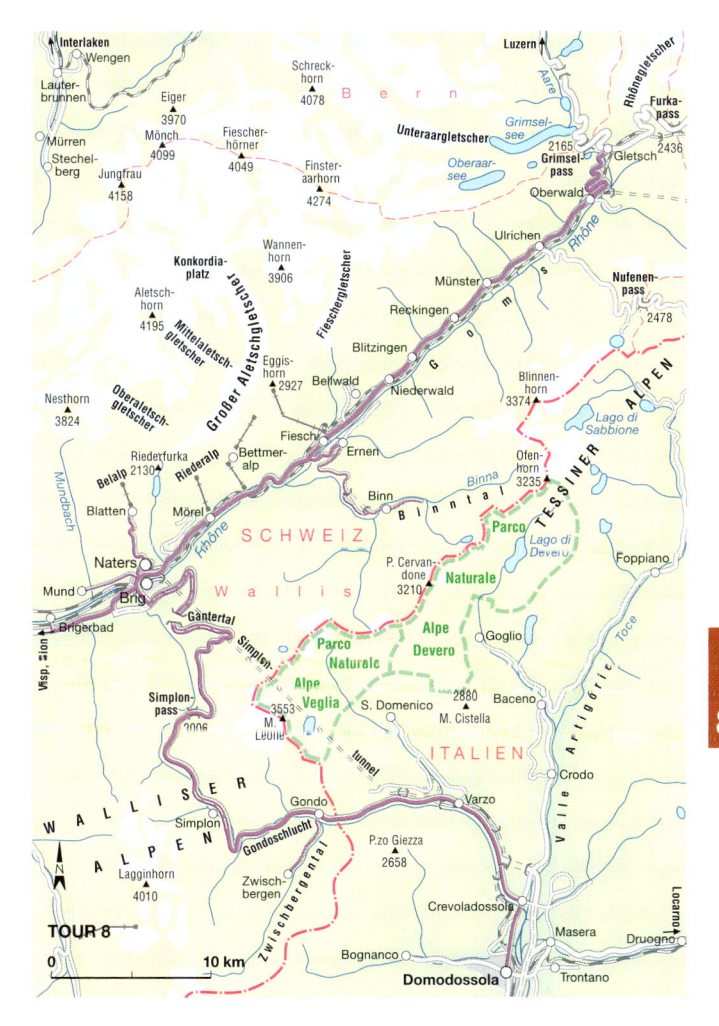

Infos von A–Z

Behinderte
- **Mobility International Schweiz,** Frohburgstr. 4, 4600 Olten, Tel. 062/206 88 35, Fax 206 88 39, www.mis.ch;
- **Nautilus** (Reisebüro für Behinderte) Frohburgstraße 4, 4600 Olten, Tel. 062/206 88 30, Fax 206 88 39.

Diplomatische Vertretungen
- **Deutschland:** 3006 Bern, Willadingweg 78 + 83 (Botschaft), Tel. 031/359 41 11, Öffnungszeiten: Mo–Fr 9–12 Uhr; 1201 Genf, Ch. du Petit Saconnex 28c (Generalkonsulat), Tel. 022/730 11 11.
- **Österreich:** 3005 Bern, Kirchenfeldstr. 77–79 (Botschaft), Tel. 031/356 52 52, Öffnungszeiten: Mo–Fr 9–12 Uhr; 1006 Lausanne, Avenue d'Ouchy 66 (Konsulat), Tel. 021/617 28 94.

Einreisebestimmungen
Bei Aufenthalten bis 3 Monate benötigen Deutsche und Österreicher nur den Reisepass oder einen gültigen Personalausweis, Kinder bis 16 Jahre einen Kinderausweis (ab 10 Jahre mit Foto).

Elektrizität
Netzspannung: 230 Volt Wechselstrom. Schukostecker sind nicht verwendbar (Adapter notwendig).

Feiertage
Neujahr, Berchtoldstag (2. Januar), Karfreitag, Ostermontag, Christi Himmelfahrt, Pfingstmontag, 1. August (Nationalfeiertag), 25. Dezember und 26. Dezember. In den katholischen Gebieten (Wallis) werden außerdem gefeiert: Fronleichnam, Mariä Himmelfahrt (15. August), Allerheiligen (1. November), Mariä Empfängnis (8. Dezember).

Geld und Währung
Währungseinheit ist der Schweizer Franken, 1 CHF = 100 Rappen (Rp oder ct). Im Umlauf sind Banknoten zu 1000, 200, 100, 50, 20 und 10 CHF sowie Münzen zu 5, 2, 1 Franken und 50, 20, 10 und 5 Rappen. Die Ein- und Ausfuhr von Fremd- bzw. Landeswährung ist nicht begrenzt.

Ausländische Zahlungsmittel werden bei Banken, Wechselstuben, in Reisebüros und größeren Hotels in sfr umgetauscht. Mit ec-Karte und Geheimzahl erhält man an zahlreichen ec-Geldautomaten *(bancomat)* ebenfalls Landeswährung. In vielen Hotels, Geschäften und Restaurants kann man mit gängigen Kreditkarten (Eurocard, Visa) bezahlen.
Wechselkurs: 100 CHF = 67,64 € (Stand: Oktober 2001).

Information
Auskünfte und Broschüren erhalten Sie bei folgenden Stellen von **Schweiz Tourismus:**
- 60070 **Frankfurt/M.,** Postfach 16 07 54,
- 1015 **Wien,** Postfach 34,

Internet: www.myswitzerland.com
E-Mail: info@schweiz.de;
Prospektbestellungen (kostenlos):
Tel. 00800 100 200 30 (Mo–Sa),
Fax 00800 100 200 31.

Touristische Informationen in der Schweiz erteilen:
- **Wallis Tourismus** (Valais Tourisme), Rue Pré-Fleuri 6, 1951 Sion, Tel. 027/327 35 70, Fax 327 35 71, www.wallis.ch
- **Office du Tourisme du Canton de Vaud** (Tourismus-Büro Kanton Waadt), Avenue d'Ouchy 60, 1006 Lausanne, Tel. 021/613 26 26, Fax 613 26 00, www.genferseegebiet.ch.

Infos von A–Z

■ **Genève Tourisme,**
Rue du Mont-Blanc 18, 1215 Genf,
Tel. 022/909 70 00, Fax 909 70 11,
www.genève-tourisme.ch.

Weitere Informationen:
■ Straßen-, Verkehrsinfos: Tel. 163
■ Lawinenbulletin: Tel. 187
■ Wetterbericht: Tel. 162

Krankenversicherung

Der Abschluss einer privaten Auslandskrankenversicherung wird empfohlen, da es kein Abkommen über Kostenübernahme zwischen den Krankenkassen gibt.

Notruf

■ Polizei: Tel. 117
■ Feuerwehr: Tel. 118
■ Pannenhilfe: Tel. 140
■ Unfallrettung: Tel. 144
■ Bergrettung: Tel. 1414

Öffnungszeiten

■ **Banken:** Mo–Fr 8.30–16.30 Uhr (in ländlichen Gebieten 12–14 Uhr geschl.).
■ **Post:** Mo–Fr 7.30–12, 13.45–18 Uhr, Sa 7.30–11 Uhr. In kleineren Orten jedoch oft nur wenige Stunden täglich geöffnet.
■ **Geschäfte:** Mo–Fr 8–12.30, 13.30 bis 18.30 Uhr, Sa 8–12.30, 13.30–16 oder 17 Uhr, in den Städten meist auch über Mittag geöffnet. Einmal pro Woche Abendverkauf bis 21 Uhr, dafür evtl. Montag vorm. oder Mittwoch nachm. geschlossen. Bäckereien, Souvenirläden u. Ä. sind oft auch sonntags einige Stunden geöffnet.
■ **Kirchen:** Zum Schutz vor Diebstahl oft verschlossen; den Schlüssel erhält man in der Regel in der Pfarrei.

Postgebühren

Postkarten/Briefe bis 20 g kosten von der Schweiz nach Deutschland bzw. Österreich 1,20 CHF, bis 50 g 1,70 CHF. (Beförderungsdauer mehr als 5 Tage).

Eilige Sendungen (unbedingt Vermerk »Prioritaire«) kosten bis 20 g 1,30 CHF, bis 50 g 2 CHF.

Telefon

Vorwahl aus der Schweiz nach Deutschland: 0049, Österreich: 0043. Von Deutschland und Österreich in die Schweiz: 0041.

Einige öffentliche Telefone akzeptieren nur noch eine Telefonkarte *(Taxcard)*, die zu 10 oder 20 CHF in Postämtern, an Bahnhöfen und größeren Kiosken erhältlich ist. Der Mindesteinwurf bei Münztelefonen beträgt 60 Rappen.

Gespräche von Hotels und Restaurants aus sind erheblich teurer. Günstiger können Sie Sa und So sowie – je nach Telefongesellschaft – werktags von 17–19 Uhr und von 21–8 Uhr bzw. 17–8 Uhr telefonieren. In der Schweiz sind auch Mobiltelefone (D1- und D2-Netz) einsetzbar, in den Bergregionen ist der Empfang jedoch manchmal schlecht. Zu Autotelefonen s. S. 34.

Zollvorschriften

Bei der Einreise aus Europa in die Schweiz sind pro Person abgabenfrei: Reiseproviant für den Reisetag, 200 Zigaretten oder 50 Zigarren bzw. 150 g Pfeifentabak, 2 l alkoholische Getränke bis 15° und 1 l alkoholische Getränke über 15°, Geschenke bis 100 CHF (Personen unter 17 Jahren 50 CHF) und weitere Waren bis zum Wert von 100 CHF. Freimengen für Tabak/Alkohol werden nur Personen über 17 Jahren gewährt. Bei der Wiedereinreise ins Heimatland sind pro Person (über 17 Jahre) zollfrei: 200 Zigaretten oder 50 Zigarren oder 250 g Tabak, 1 l Spirituosen über 22 Vol.-%, 2 l unter 22 Vol.-% Alkohol sowie Geschenke bis zum Gesamtwert von 175 €.

Langenscheidt Mini-Dolmetscher

Allgemeines

Guten Tag.	Bonjour. [bösehur]
Hallo!	Salut! [ßalü]
Wie geht's?	Ça va? [ßa wa]
Danke, gut.	Bien, merci. [bjē märßi]
Ich heiße …	Je m'appelle … [sehö mapäll]
Auf Wiedersehen.	Au revoir. [o röwoar]
Morgen	matin [matē]
Nachmittag	après-midi [aprämidi]
Abend	soir [ßoar]
Nacht	nuit [nüi]
morgen	demain [dömē]
heute	aujourd'hui [osehurdüi]
gestern	hier [jär]
Sprechen Sie Deutsch?	Parlez-vous allemand? [parle wu almā]
Wie bitte?	Pardon? [pardō]
Ich verstehe nicht.	Je ne comprends pas. [sehö nö köprā pa]
Sagen Sie es bitte nochmals.	Pourriez-vous répéter, s'il vous plaît? [purje wu repete ßil wu plä]
…, bitte.	…, s'il vous plaît. [ßil wu plä]
danke	merci [märßi]
Keine Ursache.	De rien. [dö rjē]
was / wer / welcher	quoi / qui / quel [koa / ki / käll]
wo / wohin	où [u]
wie / wie viel	comment / combien [komā / köbjē]
wann / wie lange	quand / combien de temps [kā / köbjē dö tā]
warum	pourquoi [purkoa]
Wie heißt das?	Comment ça s'appelle? [komā ßa ßapäll]
Wo ist …?	Où est …? [u ä]
Können Sie mir helfen?	Pouvez-vous m'aider? [puwe wu mäde]
ja	oui [ui]
nein	non [nō]
Entschuldigen Sie.	Excusez-moi. [äksküse moa]
Das macht nichts.	Ça ne fait rien. [ßa nö fä rjē]

Sightseeing

Gibt es hier eine Touristeninformation?	Est-ce qu'il y a une information touristique ici? [äskilja ün ēformaßjō turistik ißi]
Haben Sie einen Stadtplan / ein Hotelverzeichnis?	Avez-vous un plan de la ville / une liste des hôtels? [awe wus ē plā dö la wil / ün list des‿otäll]
Wann ist das Museum / die Kirche / die Ausstellung geöffnet?	Quelles sont les heures d'ouverture du musée / de l'église / de l'exposition? [käl ßō les‿ör duwärtür dü müse / dö leglihs / dö läksposißjō]
geschlossen	fermé [färme]

Shopping

Wo gibt es …?	Où est-ce qu'il y a …? [u äskilja]
Wie viel kostet das?	Ça coûte combien? [ßa kut köbjē]
Das ist zu teuer.	C'est trop cher. [ßä tro schär]
Das gefällt mir. / Das gefällt mir nicht.	Ça me plaît. / Ça ne me plaît pas. [ßa mö plä / ßa nö mö plä pa]
Gibt es das in einer anderen Farbe / Größe?	Ça existe dans une autre couleur / taille? [ßa äksist dās‿ün otrö kulör / taj]
Ich nehme es.	Je le prends. [sehö lö prā]
Wo gibt es hier eine Bank?	Où est-ce qu'il y a une banque ici? [u äskilja ün bäk ißi]
Ich suche einen Geldautomaten.	Je cherche un guichet automatique. [sehö schärsch ē gischä otomatik]
Geben Sie mir 100 g Käse / zwei Kilo Pfirsiche.	Donnez-moi cent grammes de fromage / deux kilos de pêches. [done moa ßā gram dö fromaseh / döh kilo dö päsch]
Haben Sie deutsche Zeitungen?	Avez-vous des journaux allemands? [awe wus desehurno almā]
Wo kann ich telefonieren / eine Telefonkarte kaufen?	Où est-ce que je peux téléphoner / acheter une télécarte? [u äskö sehö pöh telefone / aschte ün telekart]

Notfälle

Ich brauche einen Arzt / Zahnarzt.	J'ai besoin d'un médecin / dentiste. [sehe bösoē dē medsē / dätist]
Rufen Sie bitte einen Krankenwagen / die Polizei.	Appelez une ambulance / la police, s'il vous plaît. [aple ün äbüläs / la polis ßil wu plä]

Wir hatten einen Unfall.	On a eu un accident. [õ‿na ü ẽn‿akßi**dã**]
Wo ist das nächste Polizeirevier?	Où est le poste de police le plus proche? [u ä lö post dö po**lis** lö plü **prosch**]
Ich bin bestohlen worden.	On m'a volé. [õ‿ma wo**le**]
Mein Auto ist aufgebrochen worden.	On a fracturé ma voiture. [õn‿a fraktü**re** ma woa**tür**]

Essen und Trinken

Die Speisekarte, bitte.	La carte, s'il vous plaît. [la **kart** ßil wu **plä**]
Brot	pain [pẽ]
Kaffee	café [ka**fe**]
Tee	thé [te]
mit Milch / Zucker	au lait / sucre [o lä / **sü**krə]
Orangensaft	jus d'orange [sc**hü** do**räsch**]
Suppe	soupe [ßup]
Fisch / Meeresfrüchte	poisson / fruits de mer [poas**sõ** / früi dö **mär**]
Fleisch / Geflügel	viande / volaille [wjãd / wo**laj**]
Beilage	garniture [garni**tür**]
vegetarische Gerichte	cuisine végétarienne [kü**i**sin wesche**tarjänn**]
Eier	œufs [öh]
Salat	salade [ßa**lad**]
Dessert	dessert [dess**är**]
Obst	fruits [früi]
Eis	glace [glass]
Wein	vin [wẽ]
weiß / rot / rosé	blanc / rouge / rosé [blã / ru**sch** / **rose**]
Bier	bière [b**jär**]
Aperitif	apéritif [aperi**tif**]
Wasser	eau [o]
Mineralwasser	eau minérale [o mine**ral**]
mit / ohne Kohlensäure	gazeuse / non gazeuse [ga**sös** / nõ ga**sos**]
Limonade	limonade [limo**nad**]
Frühstück	petit déjeuner [pöti desch**öne**]
Mittagessen	déjeuner [desch**öne**]
Abendessen	dîner [di**ne**]
eine Kleinigkeit	un petit quelque chose [ẽ pö**ti** källkə **schohs**]
Ich möchte bezahlen.	L'addition, s'il vous plaît. [ladi**ßjõ** ßil wu **plä**]
Es war sehr gut. / Es war nicht so gut.	C'était très bon. / Ce n'était pas si bon. [ßetä trä **bõ** / ßö netä pa ßi **bõ**]

Im Hotel

Ich suche ein gutes Hotel / ein nicht zu teures Hotel.	Je cherche un bon hôtel / un hôtel pas trop cher. [schö schärsch ẽ bõn‿o**täll** / ẽn‿o**täll** pa tro **schär**]
Ich habe ein Zimmer reserviert.	J'ai réservé une chambre. [sche resär**we** ün **schabr**]
Ich suche ein Zimmer für ... Personen.	Je cherche une chambre pour ... personnes. [schö schärsch ün schäbr pur ... pär**ßonn**]
Mit Dusche und Toilette.	Avec douche et toilette. [a**wäk** dusch e toa**lätt**]
Mit Balkon / Blick aufs Meer.	Avec balcon / vue sur la mer. [a**wäk** bal**kõ** / wü **Bür** la **mär**]
Wie viel kostet das Zimmer pro Nacht?	Quel est le prix de la chambre par nuit? [käll‿ä lö pri dö la **schäbr** par **nüi**]
Mit Frühstück?	Avec petit déjeuner? [a**wäk** pöti de**schöne**]
Kann ich das Zimmer sehen?	Est-ce que je peux voir la chambre? [äskö schö pöh **woar** la **schäbr**]
Haben Sie ein anderes Zimmer?	Est-ce que vous avez une autre chambre? [äskö wus‿awe ün otrə **schäbr**]
Das Zimmer gefällt mir / gefällt mir nicht.	La chambre me plaît / ne me plaît pas. [la **schäbr** mö **plä** / nö mö plä **pa**]
Kann ich mit Kreditkarte bezahlen?	Est-ce que je peux payer avec une carte de crédit? [äskö schö pöh **päje** a**wäk** ün kart dö kre**di**]
Wo kann ich parken?	Où est-ce que je peux laisser ma voiture? [u äskö schö pöh **lässe** ma woa**tur**]
Können Sie das Gepäck in mein Zimmer bringen?	Pourriez-vous apporter mes bagages dans la chambre? [purje wu aporte me ba**gasch** dã la **schäbr**]
Haben Sie einen Platz für ein Zelt / einen Wohnwagen / ein Wohnmobil?	Vous avez de la place pour une tente / une caravane / un camping-car? [wus‿awe dö la plass pur ün **tãt** / ün kara**wan** / ẽ käping**kar**]
Wir brauchen Strom / Wasser.	On a besoin de courant / d'eau. [õn‿a böso**ẽ** dö ku**rã** / **do**]

103

Register

Orts- und Sachregister

Aigle 62
Aletschgletscher 88, 95, 96
Aletschwald 97
Arolla 81
Aubonne 52

Belalp 29, 98
Bella Lui 82
Bergsteigen 30
Berhardinerhunde 70, 71
Bettmeralp 96
Bietschhorn 88
Binntal 96
Blatten 20, 88, 89, 98
Blitzingen 95
Bonmont 51
Bourg-St-Pierre 70
Brauchtum 23f., 89
Brig 20, 24, 95, 97f.
Bursins 52

Camping 32
Canyoning 29
Champéry 63f.
Champex 68
Château de Chillon 20, 60f.
Chexbres 56
Col de la Forclaz 66, 67, 68
Coppet 50
Crans-Montana 29, 82

Dents Blanches 64
Dents du Midi 62, 64
Derborence 76
Diablerets 76

Eggishorn 96
Eisten 93
Ergisch 88
Eringertal s. Val d'Hérens
Ernen 24, 30, 95, 96
Evionnaz 66
Evolène 20, 81

Fafleralp 88
Ferden 88
Ferret 69
Feste 24, 89
Fiesch 30, 96
Finhaut 20, 67
Fionnay 72
Furka-Pass 95

Gemmipass 24, 87
Genf 41ff.
- Botanischer Garten 43
- Cathédrale St-Pierre 45
- Grand Théâtre 46, 49
- Hôtel de Ville 45
- Ile Rousseau 49
- Immeuble Clarté 21, 47
- Jardin Anglais 24, 43, 44
- Jardin Eaux-Vives 44
- Jardin La Grange 44
- Jardin La Perle 42
- Jardin Mon Repos 42
- Jet d'Eau 44
- Maison Tavel 45
- Monument de la Réformation 21, 47
- Musée d'Art et d'Histoire 47
- Musée d'Ethnographie 47
- Musée d'Histoire des Sciences 42
- Musée d'Histoire Naturelle 42f., 47
- Musée du Vieux Genève 45
- Musée philatélique des Nations Unies 43
- Musée Rath 46
- Musikkonservatorium 46
- Palais des Nations 43f.
- Pâquis 42
- Place Bel Air 44
- Place du Bourg-de-Four 45
- Place du Molard 44
- Place Neuve 46
- Pont du Mont-Blanc 42
- Promenade de la Treille 46
- Quai du Mont-Blanc 42
- Quai Gustave-Ador 44
- Université 47
- UNO 43
- Victoria Hall 47, 49

Genfer See 12f. 17, 24, 31, 41, 50ff.
Glacier-Express 33
Gletsch 95
Golf 29, 82
Gondoschlucht 99
Gorges de Durnand 69
Gorges du Trient 66
Gornergrat 92f.
Grächen 90f.
Grande Dixence 79
Granges 81
Grimentz 84
Grimsel-Pass 95
Grône 81
Großer St. Bernhard 70f.
Großer Walserweg 16, 90

Hannigalp 90
Haute Route 72
Haute-Nendaz 78f.
Heerbriggen 91
Hérémence 79
Hermance 49

Isérables 74

Kienviadukt 90
Kippel 88, 89
Klima 12f.

La Tour-de-Peilz 58
Lac de Champex 68
Lac de Mauvoisin 72
Lac d'Emosson 68
Lac souterrain 81
Lausanne 24, 53ff.
- Cathédrale Notre-Dame 20, 54
- Cinémathèque Suisse 55
- Escaliers du Marché 54
- Le Signal 54
- Marché St-Louis 24
- Musée cantonal d'Histoire naturelle 55
- Musée cantonal des Beaux-Arts 54f.
- Musée de l'Art brut 55
- Musée Olympique 56
- Musée Romain 56
- Opéra de Lausanne 57
- Ouchy 55
- Palais du Rumine 54
- Parc de Montriond 55
- Parc de Vidy 56
- Parc Mon Repos 55
- Place Palud 54, 55
- Rathaus 54
- Schloss 54

Lavaux 57
Le Châtelard 68
Les Marécottes 67
Leuk 20, 86f.
Leukerbad 87
Leytron 75
Lötschental 20, 23, 24, 88
Luins 51

Martigny 17, 20, 65f.
Matterhorn 90, 93
Mattertal 90ff.
Mont Salève 49
Monthey 24, 62
Montreux 24, 29, 30, 58ff.
Mont-sur-Rolle 52
Mund 26, 98
Münster 21, 95

Nyon 24, 30, 50f.

Oberems 87
Oberwald 29, 95
Orsières 69
Ovronnaz 75

Pfynwald 86
Prangins, Schloss 51
Praz-de-Fort 30, 69

ShellGeoStar.de

Ihre Autoreise perfekt geplant

✓ **Routen planen** ✓ **Interessante Tipps**

✓ **Hotels buchen** ✓ **Fähren buchen**

www.ShellGeoStar.de
Ihr Online - Autoreiseplaner

Register

Radfahren 29
Rafting 29
Randa 91
Raron 59, 82, 88f.
Reiten 30
Rhone 12f., 17, 23, 29, 62ff., 73ff., 95, 99ff.
Rhonedelta, Naturschutzgebiet 63
Riddes 74
Riederalp 23, 29, 96
Rochers de Naye 52
Rotes Kreuz 19, 42

Saas Fee 21, 30, 59, 94
Saas Grund 90, 94
Saastal 93f.
Saillon 73, 74
Saint-Léonard 81
Saint-Luc 83f.
Saint-Maurice 20, 62, 64f.
Saint-Pierre-de-Clages 75
Salgesch 86
Salvan 66
Sankt Niklaus 29, 30, 90
Saxon 73
Sembrancher 70
Sierre 29, 59, 82f.
Simplonpass 20, 98f.
Sion 24, 35ff.
- Casino 36
- Chapelle de Tous-les-Saints 38
- Hôtel de Ville 36
- Maison Barberini 38
- Maison de Wolff 38
- Maison Supersaxo 20, 36
- Majorie 38
- Musée cantonal d'archéologie 38
- Musée cantonal de Valère 39
- Musée cantonale des beaux-arts 38
- Notre-Dame-de-Valère 37, 39, 40
- Notre-Dame-du-Glarier 37
- Place de la Planta 37
- Saint-Théodule 37
- Tour des Sorciers 38
- Tourbillon 20, 35, 39
- Valère 38, 39
Siviez 78
Stalden 90
Sunnegga 93
Suonen 78, 84
Susten 29, 95

Täsch 91, 93
Trient 67f.
Troistorrents 58
Turtmanntal 88

Val d'Anniviers 23, 83f.
Val de Bagnes 27, 68, 72
Val de Nendaz 78
Val de Trient 66f.
Val d'Entremont 64, 65
Val d'Hérémence 79f.
Val d'Hérens 23, 80f.
Val d'Illiez 62f.
Val Ferret 68, 69
Varen 86
Venthône 82
Veranstaltungen 24, 89
Verbier 24, 29, 72
Versoix 50
Vétroz 75
Vevey 9, 31, 57f.
Villa Cassel 97
Villeneuve 61
Visp 23, 89
Vispertal 90
Visperterminen 21, 28, 89
Vufflens-le-Château 20, 52

Walser 16, 90
Wandern 30
Wassersport 30
Wein 28, 51f., 57, 62, 73, 75, 86
Wintersport 30

Zermatt 12, 24, 30, 91f.
Zinal 84

Personenregister

Ansermet, Ernest 22
Auberjonnois, René 21, 55

Béjart, Maurice 57
Bille, Corinna 22, 23
Bonivard, François 60
Botta, Mario 21
Byron, Lord 59, 61

Cachin, Amédée 88
Calame, Alexandre 21
Calvin, Jean 17, 19, 42, 45, 47
Cassel, Sir Ernest 97
Chaplin, Charlie 57
Chappaz, Maurice 22, 23
Colomb, Cathérine 22, 23
Cunéo, Anne 22

Diday, François 41
Dostojewski, Fjodor 73
Dufour, Henri 46
Dumas, Alexandre 59, 87
Dumas, Ferdinand 67
Dunant, Henri 19, 42

Farinet, Joseph-Samuel 73, 74
Forel, Alexis 53

Gautier, Jean-Jacques 42
Goethe, Johann Wolfgang von 59

Hodler, Ferdinand 54
Hugo, Victor 59

Imhasly, Pierre 22, 23

Karl der Große 65, 70

Le Corbusier 20, 22

Maggenberg, Peter 40
Maillart, Ella 22
Mariétan, Pierre 22
Martin, Frank 22
Martin, Milo 21
Maupassant, Guy de 59, 87
Mauritius, hl. 64
Menn, Barthélemy 21
Meuron, Maximilien de 21

Napoleon Bonaparte 19, 42, 70, 71, 98
Necker, Jacques 50

Platter, Thomas 91

Ramuz, Charles-Ferdinand 22, 23, 74
Reymond, Casimir 21
Rilke, Rainer Maria 20, 59, 82, 89
Rimbaud, Arthur 59
Ritz, Johann 21, 90f., 95
Ritz, Raphael 21, 38
Rivas, Alice 22
Rodin, Auguste 66
Rousseau, Jean-Jacques 22, 44, 58
Ruffiner, Ulrich 37, 87, 88

Saint-Hélier, Monique 22
Schiner, Matthäus 35, 37
Seiler, Alexander 92
Soutter, Louis 22
Staël, Germaine de 50
Stendhal 59
Stockalper vom Thurm, Kaspar 20, 63, 97f.
Supersaxo, Georg 35, 36

Tolstoi, Leo 59
Twain, Mark 59, 87

Vallotton, Félix 21, 55
Voltaire 41, 59

Whymper, Edward 93
Witz, Konrad 47

Zuckmayer, Carl 59, 94
Zwingli, Ulrich 91